3・11後の叛乱
反原連・しばき隊・SEALDs

笠井 潔 Kasai Kiyoshi
野間易通 Noma Yasumichi

a pilot of wisdom

はじめに

野間易通

私が大好きなナイジェリアのミュージシャン、フェラ・クティの曲に「MOP1」というのがある。フェラの曲名はたいていが頭文字になっていて、この曲の正式タイトルは"Movement Of The People Political Statement Number 1"という。

フェラ・クティ（1997年没）はジェームス・ブラウンやボブ・マーリーにも匹敵するほどの世界的アーティストだが、そうしたなかでももっとも直接的に政治にコミットしてきた人物である。パンアフリカニズムと反植民地主義に貫かれた彼の音楽活動は政治闘争と不可分であり、70年代末にはMOPという政党を率いてナイジェリアの大統領選挙に出馬しようとしたこともあった。黒人解放運動の闘士としては、アフリカ大陸ではマルコムXやネルソン・マンデーラにも劣らぬ知名度を持つ。そうした彼が、たび重なる政府からの直接的弾圧にもめげず歌ってきたのは、常に大衆（people）のことだった。

2010年の秋にアラブの春が始まったとき、私の頭のなかに流れていたのは「MOP1」だった。この40分近くに及ぶ曲は2016年のいま、頭のなかでいっそう大音量で鳴りつづけている。

＊

社会運動について、とりわけ自分が直接的に関わっている社会運動について書くということは、本来はあまりほめられたことではない。自分が書いた本や自分が演奏したCDのレビューを自分でやるようなもので、これはあの信頼性の低い読者レビュー満載のアマゾンにおいてさえ禁じられていることである。

しかし私は、わりとそういう原稿を書くことが多く、すでに単著まで出している。なぜそれをやるのかといえば、ある時代にある種の民衆が何をどのように考え、どう動いたかということを見たままに記録しておく必要があること、これが最大の理由である。

むしろ党派によるものであれば、党の機関紙が「成果」として報じたり党史に記したりするだろう。しかし党派や組織がなければ、そうしたオフィシャルな記録は残らない。さらにいえば、ここで私が書き記したことも、オフィシャルなものとは言えない。オフィシャルが存在しないことそのものがダイナミズムの源泉なのだから、これはしょうがない。

ミステリー作家の笠井潔さんとの往復書簡をやらないか？という話が来たとき、当然ながら最初は尻ごみした。現実的にあまりにもタマの大きさが違うので、著者名として並列したときに著しくバランスを欠く、というのが最大の理由であった。私は本業が編集者だけに、まずそういうことを考えてしまうのである。

一方で著者としての自分、あるいはアクティビストの自分ということを主軸に考えると、こんなにおいしい話はなかった。３・11以後に、日本の政治状況のなかでどういう根本的変化が起こっているか、それについてはすべてが終わったあとで研究成果を発表するのではなく、なるべくリアルタイムに近い形でそのとき何を考えていたかを記録に残したいと常々思っているからだ。

本当は笠井さんのような人に丸ごと、第三者の立場から書いてほしいという希望もあったのだが、よくよく考えれば笠井さんも現場にいたのだから第三者でもなんでもないのだった。というわけで、笠井さんと私との対話というかたちは現時点では最良なのではないかと考えを改め、この大先輩の胸を借りることにした。別の言葉で言えば、人気と知名度に便乗することにしたのだ。

当初、いわゆる「往復書簡」の形式にしたがって、文頭に「拝啓」なんて入れようかという案も出たが、ふだんそんな手紙をやりとりすることがないのに不自然でしらじらしいということで、往復エッセイという形式となった。このことによって、各々がお互いの問いかけに直接応じている部分もあれば、相手の話はいったん置いて別の方向を向いているように見える部分もあるという、自由度の高いやりとりとなった。それがまた、つかず離れずという独特の距離感を生み出していて、なかなかにクールなのではないかと自画自賛しておきたい。

60～70年代に激動の政治の季節を生き抜いた革命闘士と、バブル時代の日本でのほほんとすごしたノンポリの中年男が、いまふたたび訪れた政治の季節をどのように見ているか。この記録が、次世代の若い人たちに何を残せるのかはいまの時点ではわからない。

しかし私の頭のなかでは、「3・11後の叛乱《はんらん》」は70年代のブラック・アフリカと80年代末の東欧、21世紀のアラブ世界と歴史的な連続性の上にあり、その中軸をなすのは、"Movement Of The People"（民衆の運動）だということになっている。

フェラは長い曲をつくり、ジンジャー・ベイカーやロイ・エアーズと共演した。そして私は笠井潔さんと本を書く。やってることは、たぶんそんなに違わない。

２０１６年５月

目次

第1章　「8・30」の光景を前に

笠井　潔

野間易通さんとの出遇い

２０１５年５月、東浩紀氏が主宰するゲンロンカフェで野間易通さんと初めて顔を合わせた。野間さんについては、反原連（首都圏反原発連合）やしばき隊（レイシストをしばき隊、後にCounter-Racist Action Collective／ＣＲＡＣに改編）の中心的なメンバーとして、また『金曜官邸前抗議』（河出書房新社、２０１２年）や『「在日特権」の虚構』（河出書房新社、２０１３年）の著者として以前から注目していた。ツイッター上で連日のようになされる、膨大な量のツイートも３年ほど前からフォローしている。

わたしは野間さんたちの運動に共感し、反原連の時期から地方在住者にできる範囲で、その集会やデモに参加してきた。ネット上での言論戦にかんしても、もちろん一から十までとはいえないが、７割方は野間さんの主張に賛同している。

たとえば「ネトウヨ」「ヘサヨ」「極左」という、言論戦の「敵」をめぐる野間さんたちの用語にかんして、前二者なら共有できる。ただし、中核派（革命的共産主義者同盟全国委員会）などを「極左＝ラディカルレフト」とするのは不適当だろう。ラディカルレフトは、もう少し肯定的に評価されていい。「マルクス葬送」座談会以来、下らない左翼と35年も闘ってきた人間がいうのだから間違いない。いまやラディカリズムのかけらもない中核派の類は、「セクト」あるいは「政治カルト」と規定するのが妥当ではないか。

２００８年以降の世界金融危機を背景として、アメリカのウォール街占拠、アラブの春、スペインとギリシャなど南欧諸国の反貧困運動、東アジアでは香港の雨傘革命、台湾のひまわり学生運動と、21世紀的な大衆蜂起が連鎖的に生じてきた。〈１９６８〉と称される１９６０年代後半から70年代にかけての国際的な解放運動を、『アフター・リベラリズム』（藤原書店、２０００年）のウォーラーステインは１８４８年の世界革命と対比して論じた。２０１１年に始まる世界的な大衆蜂起を、日本のそれも含めて、再開された〈１９６８〉（１９６０年代後半の世界的な大衆蜂起の時代）として捉《とら》えることができる。

日本でも３・11以降の反原発運動や反排外主義運動は、ウォール街占拠などの21世紀的な大衆蜂起と直接間接に連動していた。しかも反貧困と民主主義を掲げる大衆蜂起の大波は地球を東漸し、この夏の戦争法案反対運動の高揚が示すように、２０１５年には日本列島に達した。

国会前占拠にいたる戦争法案反対運動は、もちろん無から生じたわけではない。この夏の高揚を準備したのは、反原発・反排外主義・反安倍という３・11以降の運動過程であり、その先導者として反原連／しばき隊／SEALDs（Students Emergency Action for Liberal Democracy-s／自由と民主主義のための学生緊急行動）が存在した事実は疑いえない。

社民党系・共産党系など旧左翼と無党派市民団体による総掛かり行動実行委（戦争させない・9条壊すな！総がかり行動実行委員会）の組織力と影響力では、湾岸戦争反対やイラク戦争反対の運動水準を超えることはできなかったろう。旧左翼にも増して凋落《ちょうらく》の著しい新左翼系は党派も無党派も、反原発・反排外主義・反安倍の運動過程とまったく無縁であるか、周辺でうろうろしながら反原連やしばき隊の足を引っぱるのが精一杯だった。

このあいだの運動をめぐる以上のような認識は7割方、野間さんとも共有できるのではないか。相違する3割は、おそらく〈1968〉の把握にかかわる。反原連やしばき隊の運動に同行してきた若い学者、たとえば小熊英二や五野井郁夫は社会運動としての〈1968〉の評価に否定的、あるいは消極的といわざるをえない。

野間さんを紹介された夜、東氏との往復書簡『動物化する世界の中で』（集英社新書、2003年）を担当した編集者のO氏とも久しぶりに顔を合わせた。O氏から、また集英社新書で仕事をしてみないかと持ちかけられ、その場で野間易通さんとの往復書簡なら、と応じた。なにしろ東氏のゲンロンカフェでのことだ、かつての『動物化する世界の中で』が想起されたのも当然だろう。しばき隊の中心人物と意見交換のできる機会を、わたしは以前から望んでいた。

いいですよ、やりましょうというO氏の英断で企画がスタートし、往復書簡の初回はわたしが書くことになった。『動物化する世界の中で』と同じように手紙のスタイルで書きはじめたのだが、しかし、どうにも勝手がよくない。紹介されてから半年もたっていない、わずか2、3回しか話をしたことのない人物に向けて、長文の手紙を書くという設定がそもそも不自然だし、反排外主義運動や反安倍闘争の話をするのに時候の挨拶など必要ない。

往復書簡はやめにして、交換日記ならぬ交換エッセイにするというのはどうか。最初の読者である野間さんに向けて、わたしがエッセイを書く。それを読んだ野間さんが、返信にあたるエッセイを書く。二人のエッセイのキャッチボールで、集英社新書の1冊分にならないものか。

交換エッセイという共著の形式が、これまで存在したのかどうかよくわからない。もしもなかったのであれば、この機会に発明してしまおう。というわけで以下、野間易通さんとの交換エッセイの初回である。

2015年8月30日

8月30日の午後、群衆で埋まった国会前の車道で野間易通さんとすれ違った。前の週に行われたSEALDs主催の表参道デモの際にも探してみたのだが、この日は野間さんを見つけることができなかった。

国会前の街路がデモの人波に埋まる少し前のこと。憲政記念館横の公園で揃《そろ》いの黒いTシャツを着た人たちが、どんなわけか黒や白の風船を山ほど持ってうろうろしている。CRACの「WAR AGAINST WAR」のシャツから、野間さんの仲間らしいことはわかった。子連れの参加者も目に付くことだし、子供に風船でも配ろうというのだろうか。

機動隊の警備によって狭苦しい歩道に押しこまれた膨大な数の抗議者たちが、堰《せき》を切ったように鉄柵の隙間《すきま》から車道に溢《あふ》れだしていく。人々を先導して車道の中央まで進出した黒いTシャツたちが、大きな布に無数の風船を括《くく》りつけはじめた。風船の浮遊力で、巨大な横断幕を空高く上げようとしているのか。

作業は難航しているようだが、しばらくして「安倍やめろ！」と大書された巨大バナーが空中に上がりはじめた。その前から黒のTシャツたちのあいだに野間さんの姿を見つけてはいたが、作業が一段落するまで待って声をかけることにした。

12万人とも、それ以上ともいわれる膨大な数の群衆に占拠された国会前の航空写真は、直後のTVニュースや新聞で大きく扱われた。1960年安保闘争の際に撮影された国会包囲デモの航空写真と、しばしば並べられて。

30日の国会前では、年少の友人の藤田直哉君も一緒だった。そういえば野間さんは、わたしと藤田君の対談書『文化亡国論』（響文社、2015年）の書評を次のように書きだしている。

本書に収録された対談が行われたのは2014年の4月。笠井・藤田両人に責任のないこととはいえ、本書でテーマとなっている《新しい「大衆蜂起の時代」》は、現時点（2015年夏）であまりにも先に進みすぎていて、現在の状況を見据えるための議論がまるで過去の歴史を総括するようなものに見えてしまう。3・11以後の「大衆蜂起の時代」は、それほどのスピードとダイナミズムを持っている。（『図書新聞』2015年9月12日）

群衆の一人として国会前の人混みを歩きまわりながら、書評での野間さんの指摘と同じようなことを考えていた。すでに時代の雰囲気、時代の気分は根本的に変化したのではないか。現存在に気分（情状性）があるなら、時代の気分、共同的な気分も無視できない重要問題だろう。

就職氷河期の到来などバブル崩壊後の不況に悩まされていたとはいえ、90年代前半の日本社会には80年代までの「平和と繁栄」の残照が差していた。それを一気に掻《か》き消したのが、1995年の阪神大震災と地下鉄サリン事件の衝撃だった。阪神大震災は16年後の東日本大震災を、オウム真理教の無差別テロは宗教原理主義テロと反テロ戦争が応酬を重ねる21世紀を予示していたと、いまなら振り返ることもできる。

生産力が戦前期では最高水準に達した1935年を起点として、歴史を20年ごとに区切ってみよう。日中戦争と日米戦争、さらに敗戦直後の時期を挟んだ1935年から1955年までの混乱期は「戦争経済の時代」である。一人当たりの国民総生産が35年水準を回復した1955年から、1975年までの時期は「高度成長の時代」。

1974年には、第一次オイルショックのために戦後初のマイナス成長が記録され、第二次世界大戦後の高度経済成長は終息した。オイルショックの大波に呑《の》みこまれ、慢性的な構造不況と失業者の急増に直面した欧米とは違って、75年に4％の経済成長を達成した日本はポスト高度成長の安定成長期に入る。

1970年代半ばからの安定成長、プラザ合意を通過した80年代後半のバブル景気。不況に苦しみ続ける欧米を尻目に、日本はかつてない繁栄を謳歌《おうか》しつづけた。1975年から1995年までの20年を「消費社会の時代」としよう。それが反転し、1995年から2015年までは「デフレ不況の時代」になる。

来年には2％程度の物価上昇が達成され、長いこと日本経済を蝕《むしば》んできたデフレ不況から脱却できると、政府日銀は声高に宣伝してきた。しかし、安倍晋三や黒田東彦《はるひこ》の与太話に期待するアベノミクス信者は、いまや減少の一途を辿《たど》っている。

1995年からの20年に話を戻そう。TVアニメ「新世紀エヴァンゲリオン」が大ヒットし、社会現象として注目されたのも95年だった。この年を画期として、オタクカルチャーが若者文化の主流となる。斎藤環の『社会的ひきこもり』（PHP新書、1998年）が刊行されるのは1998年だが、「新世紀エヴァンゲリオン」の主人公シンジによって、「引きこもり」的な心性や行動は社会的に認知されはじめていた。デフレ不況の20年は「引きこもりの時代」でもある。

もちろん引きこもりや、引きこもり的な心性と親和性の高いオタクたちが、たちどころに消えてしまうわけはない。しかし、それらが時代の徴候として注目された局面は終わった。

1980年代以降、「マジ」や「ガチ」は長く冷笑されてきた。しかし、ポストモダニズムの懐疑論を引用して「消費社会の時代」に影響力を強め、「引きこもりの時代」を通じていたるところに瀰漫《びまん》した冷笑主義《シニシズム》は過去のものといわざるをえない。「マジ」や「ガチ」を冷笑する態度こそ「ダサイ」というのは、最近の若者がしばしば口にするところだ。

先に引用した書評で野間さんは、オタクカルチャー論が中心だったゼロアカ論壇的な世界の「外側」から「現在の『大衆蜂起』」は押しよせてきている、と述べていた。


ではその『外側』とは何なのかといえば、実はまだよくわからない。しかし過剰な流動性に覆われた社会（＝リキッド・モダニティ）のなかで不安に陥った人たちが承認の政治（アイデンティティ・ポリティックス）を闘うという図式とは、根本的に違うのではないか

この認識に大枠で異存はない。過去20年にわたる「デフレ不況の時代」の社会的・文化的表象として注目されてきた引きこもりだが、いまや存在それ自体が危機に瀕《ひん》している。引きこもるための個室が与えられているから、人は引きこもることができた。その個室とは引きこもり第一世代の場合、団塊世代の親が建てたマイホームの子供部屋だった。

２０１０年前後に定年を迎えた団塊世代のほとんどが、賃金や労働条件の切り下げを受け入

れて就労しつづけた。しかし２０１５年ごろには高齢者（65歳）の域に達し、労働市場から最終的に退出しはじめる。

年金暮らしでは現役時代のような経済的余裕がない。親に依存しながら、中年になるまで自室に引きこもりつづけた子供たちは、これからどうなるのか。親の老い、介護が必要となる心身の衰弱、そして死によって、引きこもりの子供たちはホームレス化や犯罪、自殺にまで追いこまれかねない。

『文化亡国論』でも発言したように、多くの若者たちが滝本竜彦の小説『ＮＨＫにようこそ！』（角川書店、２００２年）にリアリティを感じていた時代は、すでに大昔のように感じられる。ちなみに、『ＮＨＫにようこそ！』のＮＨＫとは、日本放送協会ではなく「日本ひきこもり協会」のことだ。書評で野間さんは続けていた。

もっといえば、そうした闘いはすでに余裕のある人々のものであって、現在「蜂起」している大衆は、そうした闘いを行う余裕すらない切羽詰まった状況にあるのではないか。それが、ＳＥＡＬＤｓの若者たちに見られる独特のリア充感や、オタク／サブカル的文脈から遠く離れたアートワークの洗練として逆説的に表れている。この美学は、社会のさらなる後退

（亡国）がもたらしたものなのである。

心性として引きこもりタイプの「若手の保守論客」古谷経衡は、奥田愛基との対談を収録した『愛国ってなんだ』（ＰＨＰ新書、２０１５年）で、ＳＥＡＬＤｓ活動家たちのリア充ぶりに「嫉妬《しっと》」すると語っている。しかし古谷と奥田は二次元と三次元、オタクとリア充という点で対立しているわけではない。そうした対立があるとしても、結果にすぎない。対立の根拠を探るには、10歳という二人の年齢差に注目したほうがいい。

「デフレ不況の時代」に人格形成した古谷の世代は、リアル世界が厳しければ二次元の世界に撤退することができた。しかし奥田たちは、二次元の虚構世界に引きこもるための条件さえ奪われている。厳しいバイトを続けていても、数百円の交通費が捻出《ねんしゅつ》できないため思うように行動に参加できないメンバーさえ、ＳＥＡＬＤｓにはいるという。

ＳＥＡＬＤｓがリア充だとしても、「デフレ不況の時代」にオタクに対置されたリア充、しばしばヤンキーや意識高い系の属性として語られたそれとは次元が異なる。電気代が支払えなければ電気は停《と》まる。電気が停まればパソコンは動かないし、二次元の世界に耽溺《たんでき》することもできない。たとえていえば、これがポスト「引きこもりの時代」のリア充だ。

「社会のさらなる後退（亡国）」によって、新世代はリア充という心性や生活様式の方向に追いつめられてきた。これが古谷世代と奥田世代との相違、対立の根拠だろう。

文化左翼とSEALDs批判

6月以降、国会前抗議行動が何千、何万という規模に急拡大し、社会的な注目を浴びるようになると、もろもろの批判がSEALDsに加えられはじめた。たとえば、SEALDsのオピニオンには次のような文言がある。

先の大戦による多大な犠牲と侵略の反省を経て平和主義／自由民主主義を確立した日本には、世界、特に東アジアの軍縮・民主化の流れをリードしていく、強い責任とポテンシャルがあります。私たちは、対話と協調に基づく平和的かつ現実的な外交・安全保障政策を求めます。

これにたいし、過去の侵略戦争を謝罪も反省もしていない日本が平和主義や自由主義、民主主義を「確立」しえたわけがない、ＳＥＡＬＤｓは否定的な過去に無知で無自覚だといった批判が加えられた。

「家に帰ったらご飯を作って待っているお母さんがいる幸せを（略）私は（略）『平和』と呼ぶし、こういう毎日を守りたいんです」という女性メンバーによるスピーチは、性別役割分業を固定化しているという非難を浴びた。見栄えのする外見の女性メンバーを前に出した宣伝写真が示すように、ＳＥＡＬＤｓはセクシズム、ルッキズムに毒されているという批判もなされた。「国民なめんな」というコールは近代の国民概念を先験化しているとか、国民主体から排除されているマイノリティに差別的だという批判もある。

論点や角度は違っても、これらにはマイノリティや差別問題を焦点とした文化左翼的批判という共通項がある。ＳＥＡＬＤｓの応援団をかって出た、ＣＲＡＣの分身らしい正体不明の集団「あざらし」が、マイノリティ憑依《ひょうい》の文化左翼的ＳＥＡＬＤｓ批判に反撃した。「あざらし」には、すでに反撃の論理が準備されていた。排外主義デモへのカウンター活動は、新左翼党派を骨絡みにしてきた血債主義や、血債主義の微温的形態である文化左翼主義との思想闘争を不可避の前提としていたからだ。

関西派の分裂以降その色彩は薄らいだとはいえ、１９７０年代の昔から血債主義といえば中核派である。この夏に噴出したＳＥＡＬＤｓ批判や「あざらし」批判の個々の論点にかんしては、必要があればまた触れることにして、ここでは中核派をめぐる問題に集中しよう。

戦争法案の参議院通過を控えて、９月半ばの国会前では大規模な抗議行動が続いていた。ＳＥＡＬＤｓ主催の路上集会に紛れこんだ中核派などが、警備の鉄柵を揺さぶり、警官隊と押し合いを演じて逮捕者を出した。ＳＥＡＬＤｓは集会参加者が混乱に巻きこまれることを憂慮し、「あざらし」が中核派などを排除するにいたる。

反原連／しばき隊／ＳＥＡＬＤｓという運動の系譜で、セクトの排除は当初からの前提だった。反原連に「共闘」を申し入れてきた革共同革マル派を、野間さんは「人殺しと一緒にやれるか」と一蹴したという。

革マル派の意図は共闘対象を利用し、混乱を持ちこみ、最終的には対象を分裂解体に追いこむところにある。革マル派による共闘の申し入れなど拒否するのが当然としても、市民運動では「排除の論理はとらない」という原則が一般に共有されている。そのため70年安保の時代にべ平連（ベトナムに平和を！市民連合）などの市民団体は、革マル派の党派主義的介入を避けるのに苦慮していた。

中核派に「国会突入」などやる気もないし、できもしないことはいうまでもない。鉄柵揺すりは自己満足的な戦闘的ポーズだし、警官隊との押し合いで逮捕者を出すのも「闘った」という証拠作りにすぎない。

「セクト」の排除をめぐって

２０１２年６月29日の首相官邸前「決壊」をめぐって、野間さんの仲間のｂｃｘｘｘ氏とツイッター上で議論したことがある。抗議者による路上占拠を肯定するわたしの意見は、現場の事情をわきまえない無責任な発言としてｂｃｘｘｘ氏に批判された。この応酬に触発されて「デモ／蜂起の新たな時代」(『情況』２０１２年12月別冊『思想理論編』)を書いたのだが、ダイレクトアクションや実力闘争のいまさらながらの擁護など不必要だった事実は、その後の経緯が示すところだ。

『金曜官邸前抗議』によれば、６・29の事態に茫然《ぼうぜん》とした反原連は、７・６では決壊を予想して必要な対策を講じている。シングル・イシューの反原連から分岐した活動家集団は新大久保で排外主義デモとの実力対決を重ね、そして今年の８月30日には、「あざらし」とＳＥＡＬＤｓが国会前で大衆的な街路占拠を先導するにいたる。

横から口を出されるまでもなく、3・11の衝撃から生じた新たな大衆運動は、みずから街頭で学び、次々と壁を越えながら飛躍的に成長してきた。新たな運動の先導的部隊はダイレクトアクションの戦闘性という点でも、衰弱し無力化した新左翼セクトを実践的に凌駕《りょうが》している。こうした自律的な成長過程を攪乱《かくらん》し妨害する否定的要因として、「人殺し」セクトや政治カルトの自己満足的なセレモニーは黙殺され、さらには運動の枠外に押しだされてきた。

しかし、それだけが運動からセクトを排除する理由ではない。中核派に代表される新左翼セクトは、基本としてボリシェヴィズム党派である。マルクスとエンゲルスによる19世紀のマルクス主義は、第一次世界大戦とロシア革命を転機として西欧の社会民主主義とロシアのボリシェヴィズムに分裂した。レーニンが創始したボリシェヴィズムは、コミンテルンを通じて世界各国に勢力を拡大していく。

ボリシェヴィズムの党派は「真理」を排他的に独占する。独占された真理は、エンゲルスによれば科学的真理だが、レーニン主義を哲学的に精密化したルカーチは弁証法的真理とする。いずれにしても党とは歴史に内在する真理の体現者であり、したがって無謬《むびゅう》である。

無謬の党は党員に絶対的な服従と献身を要求する。党の目的は権力奪取としての革命と社会主義の実現であり、その主体はマルクスの理論に即して労働者階級とされる。しかし、労働者階級はおのれの歴史的使命に無自覚である場合がほとんどだ。でなければ社会主義の仮面を着けたファシストである社会民主主義政党を、労働者が支持したりするわけはない。

階級のなすべき行為、その歴史的使命を隅から隅まで熟知しているのは、労働者階級それ自身ではなく党である。真理の独占的所有者である党は、虚偽意識にまみれた無自覚な労働者階級に革命意識を外部注入し、革命に向けて導かなければならない。言い換えれば党とは、本隊である労働者階級の前衛である。

もしも前衛党の指導を拒むような場合には、棍棒《こんぼう》を振るっても労働者階級になすべきことを教えこみ、革命に向けて駆りたてなければならない。「棍棒」とは露骨なテロルであると同時に、あらゆる虚偽、奸計《かんけい》、詐術、捏造《ねつぞう》、その他もろもろの卑劣な悪行を含む。これらの唾棄すべき悪行も、歴史の真理を宿した前衛党によって活用されるなら、ヘーゲルのいわゆる否定的媒介、さらには理性の狡知《こうち》として正当化されうる。

内ゲバと称される党派間の暴力的な潰しあいは、一般的な喧嘩《けんか》や暴力沙汰がエスカレートして生じるのではない。前衛党は唯一無二である。前衛と称する他党派は大衆を欺瞞《ぎまん》する偽物で、階級闘争の最悪の妨害物だから抹殺しなければならないというのが、無限に内ゲバを生みだしてきた「理論」だ。真理を独占し階級を善導する前衛党というグロテスクな観念が打ち砕かれない限り、ボリシェヴィズム党派は内ゲバを続け、「指導」を拒否する大衆に歯止めのない暴力を行使し続けることだろう。

迷惑だからやめるようにと申し入れても、たとえば9月16日にも見られたように、中核派は迷惑行為をやめることがない。党は無自覚な大衆を革命に向けて導かなければならないのであり、そのためにはあらゆる手段が肯定されるのだから。「ファシスト」規定を下したSEALDsを中核派が鉄バールで襲撃しないのは、現在のところそうできる条件がないからにすぎない。

古典的なボリシェヴィズム党派はロシアのボリシェヴィキ党を原型に、1920年代にコミンテルン支部として組織された各国の共産党である。日本を含めて先進諸国にかんする限り、1950年代後半以降の共産党は議会主義的な平和路線（ユーロコミュニズム）に転換し、あのグロテスクなボリシェヴィズム組織論もソフト化していく。ただしソフト化はしても、自己批判的に正面から乗り越えたわけではない。

しかし日本でのみ例外的に、安保ブント（共産主義者同盟）に始まる新左翼がボリシェヴィズムを無批判に継承していく。「レーニンに還れ」を掲げ、革命を放棄した共産党に代わる「真の前衛党」の建設を唱えていたのだから、それも当然のことだ。ボリシェヴィズムの影響力が希薄だったアメリカはもちろん、フランス、イタリア、ドイツなどでも〈1968〉の時点ですでに、新左翼は内ゲバと大衆運動の引きまわしを必然とする前衛主義とは訣別《けつべつ》していた。たとえばフランスの〈1968〉を先導したのは、3月22日運動に代表されるアナキズム的な運動センターであり、アルチュセール派のようにボリシェヴィズムを主張する場合でも、実態は小規模な政治サークルだった。新左翼党派で3桁《けた》の専従党員を抱えるような小型共産党の組織化に成功したのは、国際的にも革共同のみである。

日本の〈1968〉の可能性を圧殺したのが、中核派などのボリシェヴィズム党派だった。この国で〈1968〉を再開するためには、セクトという否定的遺産と対決することが必要不可欠だ。国会前での「あざらし」によるセクト排除には、以上のような歴史的意義が込められている。

ボリシェヴィズムという観念的倒錯は、どのような精神的荒廃から生じ、どのようにして観念的暴力と思想的腐敗の極点にいたるのか。この主題にかんして、わたしは『新版　テロルの現象学』(作品社、2013年)で詳述している。世界史的に見ればボリシェヴィズムは過去のものだが、しかし党派観念の倒錯は今日、イスラム過激派やジハディストたちに継承されていることを忘れてはならない。

(2015年12月1日掲載)

第2章　雲の人たち

野間易通

ハスラー・アキラ（Akira The Hustler。本名＝張由紀夫）という現代美術作家が2015年の夏につくった作品に、"Cloud" と題した写真、ドローイング、スタチューのシリーズがある。屈強な男性の頭の部分が白い雲のようなもので表現されていて、手にオールを持っていたり、あるいはスローガンが書かれた腕章を腕に巻いていたりする。腕章には、"REBOOT DEMOCRACY" とある。言うまでもなくこれは、2015年夏の国会前や路上に集まったたくさんの人たちと、その行動にインスパイアされたものだ。

なぜ雲のようなモチーフが使われているのか。

ハスラー・アキラは、ライターの松沢呉一がふと漏らした「デモはまるで雲みたいなものだ。どこからか集まり、ぱっと消える」という言葉を聞いて、製作を思い立ったのだという。

松沢がこれをいつ言ったのかは知らないが、2015年の夏の話だけをしているのではないことは確実である。というのも、3・11以降の社会運動の形態とは基本的にそういうものであり、彼はそれをずっと観察しつづけているからだ。

奇しくも笠井さんが「反原発・反排外主義・反安倍という3・11以降の運動過程」「その先導者として反原連／しばき隊／SEALDs」と認識している2011年以降の社会運動は、クラウド型の運動であると言われてきたりもした。

五野井郁夫が『「デモ」とは何か――変貌する直接民主主義』（NHKブックス、2012年）のなかで提起した「クラウド化した社会運動」の概念とは、「ウェブを介して容易に情報にアクセス可能になることで、小規模のコストと手間で情報を共時的にシェアし並列化でき、象徴的なインフォメーション・センター以外に、特定の本部や拠点を必要としない。フォーマットはもちろんプラカードなどのツールもダウンロードできるし、ミーティングポイント、デモコースも把握可能」なものである。

松沢呉一はふだんクラウド・コンピューティングの話になど関心がなく、彼の口から最新のウェブ・テクノロジーについての話が出てくることもないので、彼の言う「雲」とは文字通り空に浮かぶ雲のことであり、時間の経過にあわせて規模や形を変え、最後には霧散して消えてしまうデモの総体をたとえたものであっただろう。しかしながら、それは同時にクラウド化した社会運動が物理的にどのように現れるかを的確に表現した言葉でもあったのだと思う。

実際には、「クラウド化」していない社会運動や市民運動でもだいたいにおいて参加者は三三五々集まり、デモが終わるとそれぞれが家路につく。別に常にバスを仕立てて集団でやってきて集団で帰っていくわけでもないので、様子はそんなに変わらないのかもしれない。しかし、なぜ3・11以後のデモが彼の目にそう見えるのかといえば、たとえば労働組合や政党といったはっきりとした所属先、いわばローカルのハードディスクのようなものが、デモが始まる前と後に見当たらなくなるからではないかと思う。そのようなものがないことを、松沢は知っているのだ。

笠井さんが「黒いTシャツたち」を見た8月30日14時半すぎ、国会議事堂前の10車線の車道はすべてプロテスターで埋めつくされた。そしてその直後、もっとも国会に近いポリス・ラインから数十m下がったあたりに、文字通りの「雲」が浮かび上がった。

白・黒・グレーのモノトーンの風船の塊に「安倍やめろ！」と書かれた巨大なバナーがぶら下がる。ヘリウムガスの計算を間違ったのか、その風船とバナーは人波の真ん中で低く喘《あえ》ぐように、地上2〜3mのところをゆらゆらしている。地面についてしまわないように、最下部に書かれていた“FCK ABE”の部分およそ1×3mほどが急遽《きゆうきよ》ハサミで切り取られた。その状態のまま、プロテスターたちの頭のすぐ上をまるで地表を這《は》いずるかのように国会に向かって進んでいく。「黒いTシャツたち」が引っ張っていったのだ。

最前列まで行った風船とバナーは、不思議なことに地上十数mまで上昇していた。おそらく、人の熱気によってその周辺だけ気温が上がっていたのではないかと思う。無数のカメラとスマートフォンが、その巨大な「安倍やめろ！」を撮影する。

ハスラー・アキラのところには翌日、友人からこんなメールが来たという。

「あの〝不吉な雲〟は貴方たちが作ったんだね。スバラシイ」

少なからぬ人が、それを「雲」と認識した。ツイッターには「空に虹がかかる前に必ず湧き上がる黒雲、権力者をannoyする暗雲、参集した怒れる民衆という雲」「虹をかけるための怒りの雷雲。空に浮かぶ黒と白のパワー」といった言葉が並んだ。

ハスラー・アキラは「黒いTシャツたち」の一人であり、この風船バナーのアイデアを出した一人でもある。この3×5mの巨大バナーの製作は、ハスラー・アキラが所属する六本木のギャラリー、オオタファインアーツで行われた。しかし実のところ、「黒いTシャツたち」の誰一人として当初これを「雲」と思っておらず、製作の狙いもそうではなかった。

1991年のニューヨークと2015年の国会前

このバナーの直接のインスピレーションは、1991年にアメリカ、ニューヨークのACT UPという市民団体が地下鉄のグランド・セントラル駅構内に掲げたものに由来する。それはピンク色の風船の束に縦長の巨大バナーをぶら下げたもので、〝MONEY FOR AIDS NOT FOR

WAR” の文字が記されていた。
ACT UPとは、文字通りには「派手にやれ」という意味の命令形動詞句だが、“AIDS Coalition to Unleash Power”の略でもある。「力を解き放つためのAIDS連合」「派手にやれ」その名の通り、さまざまにパワフルな非暴力直接行動によって、80〜90年代のアメリカ合衆国のAIDS／HIV政策に大きな影響を及ぼした、LGBTのメンバーを中心とするアドヴォカシー・グループ（権利擁護団体）だ。「黒いTシャツたち」は、実はこのグループに大きな影響を受けているのである。

ハスラー・アキラは1993年、京都市立芸術大学の学生だったころに、前年にゲイであることとHIV陽性であることをカミングアウトしたダムタイプの古橋悌二（1995年没）の影響で社会運動に参画するようになった。90年代には、インスタレーションを通じてHIV／AIDSの啓発を行うビジュアルエイズ（Visual AIDS）に参加したり、エイズ・ポスター・プロジェクト（APP）の活動家として京都で精力的に社会運動を行った。あるいはクラブ・イベントを企画してドラッグ・クイーンとしてパフォーマンスをしていた。彼はACT UPの活動をリアルタイムで目撃していた一人でもある。その後東京に移ったアキラは、2005年から新宿二丁目のコミュニティセンター、aktaを拠点にリビング・トゥギャザー計画にかかわるようになる。

リビング・トゥギャザー計画はＨＩＶ感染者の手記を集めクラブなどでライブで朗読するイベントと、それらの手記をまとめたブックレットの発行などを通じて「すべての人がＨＩＶとともに生きている」ことのリアリティを共有する目的の運動だった。２０１１年後半にはイベントの参加者に東京の反原発デモ団体TwitNoNukesのスタッフの姿が見られるようになっていた。

TwitNoNukesはいわゆる「3・11以後」の新しい反原発団体で、翌年首都圏反原発連合の一員となった。２０１２年の夏に官邸内で野田佳彦首相（当時）と面談した13人のうちの一人、平野太一がTwitNoNukesの中心人物だったが、彼がゲイだったこともあり、TwitNoNukesまわりの人脈とリビング・トゥギャザー計画まわりの人脈との交流は、ハスラー・アキラを媒介にどんどん活発になっていった。そのほとんどは、ＬＧＢＴ当事者ではなくストレートだったが、いわゆる「アライ（ally＝セクシャル・マイノリティの支援者）」ではなかった。むしろ、単に「ともに生きている」人間の一人という意識でしかなかったように思う。

２０１４年から２０１５年にかけて、プーチン大統領のＬＧＢＴ政策（同性愛宣伝禁止法）を批判する路上での抗議行動がおきたり渋谷区の同性パートナーシップ条例（渋谷区男女平等及び多様性を尊重する社会を推進する条例）に反対する右翼に対してハチ公前広場で大規模なカウンター行動が行われたりしたが、これらの動きの人的ルーツは、このリビング・トゥギャザー計画とTwitNoNukesの交流にある。また、２０１４年の東京レインボープライドに「東京大行進２０１４」のスタッフによる“Tokyo No H8”というフロートが出るにいたったのも、この交流の延長線上にある動きだった。

ACT UPは２０１２年に『怒りを力に～ACT UPの歴史（原題＝United in Anger: A History of ACT UP）』（監督／ジム・ハバード、２０１２年）というドキュメンタリー映画をリリースしたが、翌年から日本でも自主上映が行われ、反原発運動の関係者や反ヘイトのカウンター行動の参加者たちが観にくるようになった。２０１５年に入って、ＤＪ ＴＡＳＡＫＡの『UpRight』発売記念パーティでの上映や、大阪の「仲良くしようぜパレード」のスタッフによる関西や東海地方での上映会なども行われている。したがって、現在の路上行動に参加している人のうち少なからぬ割合の人が、１９９１年のグランド・セントラル駅のバルーン・バナーと、２０１５年国会前での「不吉な雲」とのつながりを知っているのだ。

国会前のモノトーンの「不吉な雲」は、実は国会前に現れる以前にも東京のあちこちに姿を見せている。最初は２０１５年２月に代官山ＵＮＩＴで行われたＣＲＡＣ主催のクラブ・イベントCLUB CRACの店内デコレーション、そして4月に渋谷で行われた東京レインボープライド2015パレードでTOKYO NO HATE号に括りつけられたもの、あいだに8月30日の国会前を挟んで、11月の東京大行進2015でふたたびCRACのサウンドカー。
準備をしているのは、いずれも「黒いTシャツたち」だ。笠井さんは「現代の黒シャツ隊だね」などと笑えない冗談を飛ばしていたが、実際問題これは、誰か。

新横浜の路上に折り重なる「あざらし」

外から見ていた笠井さんは、「CRACの『WAR AGAINST WAR』のシャツから、野間さんの仲間らしい」とまず考えた。これは、半分ぐらい当たっているが、半分ぐらいは間違っている。なぜなら、「黒いTシャツ」にはCRACと関係のない人がたくさんおり、さらに私が知らない人もけっこういるからである。

そしてここで、笠井さんのエッセイにおける前提にも重大な疑義が生じる。「反原発・反排外主義・反安倍という3・11以降の運動過程」における「先導者」が「反原連／しばき隊／SEALDs」というのがその前提だが、実はこれも半分ぐらいは当たっていて、半分ぐらいは間違っている。というのも、この「黒いTシャツたち」には2013年に解散した「レイシストをしばき隊」とも関係がない人が大量に含まれているからだ。

話が複雑になるので補足しておくと、「レイシストをしばき隊」は2013年2月から9月まで活動したあと解散、その後CRAC（Counter-Racist Action Collective）が発足した。CRACはときどきカウンタープロテストを呼びかける反レイシズム運動の市民団体だが、同時にクラブ・イベント・オーガナイザーであり、Tシャツ屋でもあり、CDショップでもあり、書店でもある。

「反原連／しばき隊／SEALDs」という3つの名前は、それぞれ2012年、2013年、2015年に社会運動の表舞台で注目を浴びたという共通点はあるものの、実態はかなり違う。細かい違いは置いておくとして、この原稿の流れ的にもっとも重要だと思われる点をピックアップするなら、「しばき隊」がもっともクラウド的であるという点である。また、私個人に関していえば、反原連と「しばき隊」にはかかわっているが、SEALDsとは関係がない。さらには、私が運動上、何らかのイニシャチブをとったと言えるのは唯一「しばき隊」のみで、反原連の中心人物はミサオ・レッドウルフ（No Nukes More Hearts）、原田裕史（たんぽぽ舎）、平野太一（TwitNoNukes）、服部至道（エネルギーシフトパレード）といった人々である。官邸で当時の首相、野田佳彦と会った反原連の13人のなかに私がいないことからも明らかなように、私はあくまで現場スタッフの一人にすぎなかった。

ここで「しばき隊」と呼ばれているものは、2013年冬の時点においてすでに「レイシストをしばき隊」とは別のものであり組織としてのCRACとも違う。レイシストをしばき隊もCRACも、誰がメンバーで誰がそうでないかはっきりと判別可能なメンバーシップ制のグループだが、世間一般が「しばき隊」と呼んでいるものはそれ以外のさまざまなグループや個人を含む。総体的に見て、「反レイシズム運動の人」「カウンター」とほぼ同じ意味で使われているようである。また、レイシストは「しばき隊」をネガティブな呼称として使っているが、それが指し示すものも同じだ。

2015年の国会前で笠井さんが「黒いTシャツたち」と認識したものはその一部だが、それはエッセイの後半に出てくる「CRACの分身らしい正体不明の集団『あざらし』」の一部でもある。しかし、給水車を出していたボランティア・グループも実は「あざらし」であり、黒いTシャツと一部は一体化している。音響面その他でSEALDsを直接的にサポートしていた「あざらし」もいたが、それは「黒いTシャツたち」とは別の集団である。中核派や革労協といったセクトと衝突したのは「あざらし」で、これは「黒いTシャツたち」を多く含む。

さらに最新情報を付け加えると、今年の東京大行進２０１５でＣＲＡＣと東京大行進フットボールクラスタが協力して出したサウンドカーの前面には「SEALs COME OUT FIGHTING」と書かれた、エンブレムをかたどった大きなバナーがあり、沿道の人たちはこれを当然ＳＥＡＬＤｓと誤認したが、偽物である。ＳＥＡＬｓという綴《つづ》りからわかるように、これは「あざらし」のバナーである。また、ＣＲＡＣが呼びかけるか否かにかかわらず、反レイシズムのカウンターの告知には、あざらしの写真や意匠が大量に登場するが、これにＳＥＡＬＤｓは関係がない。したがって「ＳＥＡＬＤｓの応援団をかって出た、ＣＲＡＣの分身らしい正体不明の集団『あざらし』」という認識も実は正確ではない。

まとめてみよう。

黒いＴシャツたちはＣＲＡＣではない。
黒いＴシャツたちはあざらしである。
黒いＴシャツたちは給水ボランティアチームではない。
給水ボランティアはあざらしである。
あざらしはしばき隊ではない。

あざらしはＣＲＡＣではない。
カウンターはあざらしである。

さっぱりわからないと思う。私もよくわからない。

「反原連／しばき隊／ＳＥＡＬＤｓ」と３つ並べた場合、反原連やＳＥＡＬＤｓは比較的よくオーガナイズされた輪郭のはっきりした組織だが、真ん中の「しばき隊」は、すでに２０１３年に解散しているということもあって、まるでゴーストである。さらに正確には、その実体は２０１５年においては「あざらし」である。

あざらしは、ネット上でＳＥＡＬＤｓをＳＥＡＬｓとスペルミスしたところから始まった冗談に端を発するもので、それは２０１５年夏のＳＥＡＬＤｓを勝手にネットや現場で盛りあげ、勝手にサポートしようとする人々の自称だった。あざらしの体型とふてぶてしさは、若くてフレッシュなＳＥＡＬＤｓに比して中年太りして図々しい自分たちにぴったりな感じがしたのだろう。実際、９月16日の午後に新横浜プリンスホテルで行われた参議院平和安全法制特別委員会の横浜公聴会後、国会に戻る車列をシットインで妨害し１時間ほど止めた集団にはＳＥＡＬＤｓはほぼおらず、ほとんどが中年の「あざらし」だった。それが道路に折り重なって寝転ぶ姿は、文字通りあざらしの群れのようであった。

あざらしは２０１４年には存在しなかった。そして、２０１６年にももういないだろう。これは、デモが終われば霧散するクラウドの、サブカル的な悪ノリを含むとりあえずの総称にすぎず、もっとも正確に記述するとしたら「誰でもない」ということになるのではないかと思う。

しかし。この、デモやプロテストに集まり終われば霧散する「誰でもない」クラスタ、ときに組織的に連携し風船を膨らませたり水を配ったり車を運転したりサウンドシステムを構築したりする人々は、ある種のリベラリズム的な思想をゆるく共有していて、それは実体のある集団として存在しているものなのである。

２０１１年3月以来、東京には「大きな政治的イシューが持ちあがるとさっとデモに集まるコア・クラスタ」が数百人レベルで存在していて、ふだんはまったくばらばらにそれぞれの生活を送っている。年齢は30〜40代が中心、リベラル左派的な考えを持つがさほど反資本主義的ではなく、アナキスト的でもない。また、ロハスやオーガニック製品を好む層とも違う。共産党候補に投票する人が多いが、党員というわけではなく共産党支持者でもない。２０１１年の素人の乱の「原発やめろデモ！！！！」に集まった無党派層とはもちろん重なるが、同じではない。

彼らは2011年においては街頭における反原発デモに、2012年は金曜官邸前の群衆の一部として、そして2013年にはレイシストに対抗するカウンタープロテスターとして、2014年には秘密保護法反対で官邸前に、2015年にはSEALDsの集会に足繁《しげ》く通った。いまあざらしやANTIFAを自称し、第三者、とくに批判的な人々から「しばき隊」と呼ばれている人たちはこういうクラスタの一部であり、離合集散を繰り返しながら少しずつ人数を増やしつづけているのだ。

このクラスタはネット、とくにツイッター上で非常に喧騒《けんそう》なことでも知られているが、よく言われているようにまったくばらばらの無色透明の個人が「ネットを通じて集まった」とも言い切れない。また、3・11以降に急に形成されたわけでもない。実は、その多くは3・11以前から存在した、音楽やアートやサッカーといったサブカルチャーを共通の文化背景とするいくつかの小さな集団がゆるく結びついたものだ。

「ストリートを取り戻せ」とは?

社会運動~デモの文脈においては、そのルーツは2003年のイラク反戦デモに辿ることができる。

この当時、大きな反戦デモはワールドピースナウ（WPN）という無党派の市民団体が主催していたが、これは2015年夏の国会前における「総掛かり行動実行委員会」のようなものである。2003年3月21日、イラク戦争の開戦翌日に芝公園23号地を出発し日比谷公園で解散したデモには、大音量でダンス・ミュージックを流すサウンドカーがいた。このブロックはデモコースの途中から最後尾にスルッと合流するかたちになっていて、私も何か側道のようなところに集合した記憶がある。芝公園の集会には出ていない。そんな状態だったので、このサウンドカーの存在に気づいていなかったデモ参加者が大半だったようだが、実はこれがいま街頭でよく見る形態の「サウンドデモ」の最初の試みである。

この「サウンドデモ」をオーガナイズしていたのはイルドーザーというデザイナー・ユニットと三田格ら音楽ライターで、クラブ・カルチャーの周辺にいた人たちである。同年5月に河出書房新社から出た『NO!! WAR』という本はイルドーザーがデザインを担当し、音楽評論家の野田努、三田格、アート・ライターの工藤キキなどが執筆していたが、これは反戦をテーマにした、デモと街頭直接行動の指南書だった。

私個人の体験としては、この日「生まれて初めて」デモに参加し、しかもそれがこのサウンドカーの隊列であったことは重要な影響を及ぼしていると思う。荷台にＤＪブースを設置し、ふだんクラブで聞いているのと変わらない状態で音楽を流し、参加者は踊りながら街のどまんなかを進んでいく。それは痛快でもあった。これならデモに全然参加できるじゃん！という気分になったし、周りに自分の見慣れない労働組合風の人や新左翼セクト風の人がいないのもよかった。現場で会ったのは、イルドーザーや野田努、ソニー・テクノ部門のディレクターなど、それまで仕事や趣味で出会っていた知り合いばかりだった。

のちにいろんな人の取材で明らかになることだが、いま３・11以降の運動で路上に出ている人のなかには年齢にかかわらず２００３年のイラク反戦デモが最初の体験だったという人は多い。長らく享楽的でのほほんとした生活を送っていたいわゆるノンポリ層を動かしたという意味で、イラク反戦デモは大きなメルクマールとなるものだったのだ。

このサウンドデモは、すぐにＡＳＣ（Against Street Control）というチームを形成することになる。これは先述のイルドーザーや三田格といった音楽人脈に矢部史郎らが加わった無党派個人の集合体で、その形成にあたっては「活動者と音楽関係者だけでなく、編集者、小説家、美術家、ライター、デザイナー、フリーター、プータロー、学生が含まれ、それぞれがデモの組織化にあたってノード（結び目）となるごった煮の様相を呈しはじめていた」という。[*1]

警察と融和的に「反戦パレード」をやろうとするWPNに対し、ASCは反警察を前面に押し出しており、その点でも、ACAB（All Cops Are Bastard）を掲げる現在の欧米のANTIFAやアナキストに近いスタンスだったと言えるだろう。また、現代美術作家／文化人類学者のイルコモンズ（小田マサノリ）を中心に、いま国会前や各地のデモにいるドラム隊の前身TCDC（Transistor Connected Drum Collective）が形成されたのも、この流れが起点となる。ラッパーのECDもそこに加わり、その後2000年代を通じて反戦デモや反グローバリズム・デモに登場する一連の黒ずくめの集団が形成されることになった。

ASCは、90年代イギリスのレイヴ・カルチャーから始まったスローガン“Reclaim The Streets”（ストリートを取り戻せ）をそのまま採用していた。社会学者の毛利嘉孝は、そのサウンドデモに集まる人々をネグリ／ハート言うところの「マルチチュード」に見立て、イルコモンズやECDを「ストリートの思想家」と呼んだ。それは「ミュージシャンやDJ、作家やアーティスト、あるいは匿名性の高い無数の運動を組織するオーガナイザー」で、「身のまわりのちょっとした『有名人』であり、目に見える交友関係の延長線上にいる。また、政治運動を組織（オーガナイズ）するだけではなく、同時に文化的実践者であることもその特徴だ」（『ストリートの思想——転換期としての1990年代』（NHKブックス、2009年）。

毛利は言う。「『ストリートの思想家』は、アントニオ・グラムシが言うところの『有機的な知識人』の現代版である。（中略）このような知識人は、伝統的知識人のように大学にこもって研究しつつ、文章の力で人を動かすのではない。むしろ人をいろいろな形で組織することで政治を作り出す存在で、労働組合のオーガナイザーや編集者、知識産業を支える印刷工などもここには含まれる。（中略）２００３年の反イラク戦争デモ以降の社会運動では、こうした複数の『ストリートの思想家』が重要な役割を果たしていく」。

運動の参加者については「組織や党派に属さず、会社や大学にも属してない人々が組織して」おり、「そのネットワークの作られ方は多くの場合、顔の見える、比較的小さな単位のコミュニケーションに基礎を置いている」。毛利によれば、こうした運動は「対抗的な生権力」が前景化したもので、その象徴はサウンドデモのアンセムとなっていたＥＣＤの「言うこと聞くよな奴らじゃないぞ」という曲であった。言うまでもなく、これは２０１５年の夏にＳＥＡＬＤｓが国会前で叫んだ「言うこと聞かせる番だ俺たちが」のルーツである。

３・11以降の社会運動はよく個人の集まりであり無党派でありということが強調されるが、そこだけを見れば２００３年当時となんら変わることはない。おそらくべ平連のときも似たようなものだったのではないかと思う。しかし、べ平連と「３・11以降」には直接的なつながりはないが「2003年」と「3・11以降」は文字通り連続しているのである。違いは「言うこと聞くよな奴らじゃないぞ」から「言うこと聞かせる番だ俺たちが」への変化だが、このわずかな文言の違いには実は主体の大転換が含まれていて、結果もっとも大きな、本質的な変化を象徴することになった。

ASCのサウンドデモは、"Street Rave"と称して渋谷で何回か行われた。DJにはChari Chariやマユリ、Force of NatureのDJケント、中原昌也などが登場。ランキン・タクシーのTaxi Hi-Fiがサウンドシステムを提供し、宇川直宏がサウンドカーの上から青山のビル群にゲリラ的にプロジェクション・マッピング的なことを行うという試みもあった（これは光量の関係で失敗した）。やがてサウンドデモの中心は高円寺に移り、後の素人の乱の人脈と合流する。私個人はこの時点でなにかしっくりこないものを感じはじめており、渋谷でのサウンドデモに何回か参加したあとは行かなくなった。

このあたりの動きは前掲の『ストリートの思想』によくまとまっている。毛利さんは私が『ミュージック・マガジン』で編集者をしていた90年代に、UKのレゲエやカルチャラル・スタディーズについての原稿を何度か頼んだことがあった。この本が出たとき、私は毛利さんに「"Reclaim The Streets"の"streets"は日本の道路と同じものなのかどうなのか。私はそれを

〝サヨク〟に奪われたと感じた」というメールを送ったことを覚えている。返事はなかった。

現在の矢部史郎の反原連以降の運動への評価を見ても明らかなように、2003年のASCは「ヘサヨ」のルーツでもあった。2011年に素人の乱の面々が主催した「原発やめろデモ!!!!!」のサウンドカーやカルチャーには、このASCの流れがまだ色濃く残っている。しかし同時に、そことは別の流れが分岐しはじめてもいた。それがTwitNoNukesだった。

イラク反戦デモと「しばき隊」をつなぐキーパーソン

かつてイルドーザーのグラフィック・デザイナーで現在DJとして活躍する1-drinkは、本人の性格からか表にほとんど出てくることはないが、3・11以後の運動のなかで重要な役割を果たしている。私が初めてデモを主催することになったのは2011年4月30日のTwitNoNukesによる反原発デモだったが、1-drinkはこのTwitNoNukesの立ち上げメンバーの一人であり、さらに2013年の「レイシストをしばき隊」の最初のメンバーの一人でもあるのだ。組織としての「しばき隊」が解散し、CRACとなって以降、ロゴ・デザインなどのアートワークを手がけたのも彼である。

彼はかつてキミドリというヒップホップ・グループのラッパーだった。すなわち、現在のDJ 1-drink＝キミドリのKuro-Ovi＝イルドーザーの石黒景太である。人柄もあって、彼の音楽／デザインの分野での人脈は幅広い。デモがあると集まるコアな数百人の中に、キャップをかぶってきれいなスニーカーを履いた人が少なくないのは、こうしたカルチャーや人脈から人が動員されていることを物語っている。私とは、かつての仕事仲間でもあった。『ミュージック・マガジン』で担当していた高橋健太郎の連載記事のイラストをイルドーザーに頼んでいたからだ。彼とは2003年のイラク反戦デモで久しぶりに出会い、その7年後の2010年、渋谷のクラブModuleでまた再会することになる。そこには、bcxxxもいた。

この3・11直前の時期に、1-drinkとbcxxxと私、それにあと何人かの人が「在特会（在日特権を許さない市民の会）をしばきたい」なんてことをぶつぶつとツイッターでつぶやきあっている記録がある。ログを見ると、2010年3月2日。私はすでにカウンター的なことを始めていて、ツイッターはそのためにアカウント登録したようなものだった。京都の朝鮮学校襲撃事件や新宿での高校生襲撃事件など在特会が大暴れしていたころで、私のツイートは半分以上それに関するものだったのだが、そこに1-drinkが自然に接続してきたのは嬉《うれ》しくもあり、意外でもあった。やっぱりポリティカルな人だったんだなと思ったと同時に、反在特会的な動きのなかに過去の知り合いが初めて参入してきた感じがして、ちょうどそれまでの「ネットを通じた」運動の脆弱《ぜいじゃく》さを痛感していた時期でもあったので、非常に心強かったのだ。「レイシストをしばき隊」が活動を開始したのは2013年の2月だが、本当の起点はここにあったと言うべきだろう。

それから1年後、東日本大震災と原発事故が起こり、私個人は在特会のことをそっちのけで反原発運動に没頭することになった。そのきっかけも、1-drinkである。彼は原発事故の直後に園良太が東電前で抗議しているのを見て（これが後に「東電前アクション」というグループになる）、すぐに駆けつけ横断幕を持ったのだった。私はそのときはまだ、若干躊躇《ちゅうちょ》していた。しかし1-drinkには、迷いがなかった（1-drinkによれば、そこにはDJ TASAKAもいたという）。

「レイシストをしばき隊」以前の在特会への路上での直接的カウンター行動をになっていたのは、関東では2010年に立ちあがった「ヘイトスピーチに反対する会」が組織としてはほぼ唯一で、その中心となっていたのはフリーター全般労組とノンセクト・ラディカルの人々であった。実はこれが、ASCとともに反戦デモや反グローバリズム運動をやっていた人脈の後継である。カウンター行動の最初の逮捕者は、2009年に在特会が蕨市で行いその後勢力拡大のきっかけとなったフィリピン人少女へのヘイトスピーチデモにおいて、彼らの横断幕を実力で奪い取った矢部史郎である。

「ヘサヨ」の語源は「ヘイトスピーチに反対する会のやつらみたいなサヨク」という意味で、これは周知のとおり現在の「カウンター」「しばき隊」「あざらし」などと呼ばれている人々が政治的に敵対する一連の人々に対するレッテルだが、後者にもまた2003年のイラク反戦デモやASCをルーツとする人々が多数いる。そして3・11以降そこに加わったのが、「デモがあるとまるで雲のように集まり終わると霧散する」コアな数百人なのだった。

（2015年12月15日掲載）

＊1　noiz「サウンドデモ」史考——人はどんちゃん騒ぎのなかに社会変革の夢を見るか（『アナキズム』第12号所収、2009年）

第3章　「何者かである私」と「何者でもない私」

笠井　潔

蜂起の意味するところ

藤田直哉君との対談書『文化亡国論』では、３・11以降の社会運動と大規模デモをウォール街やタハリール広場の占拠運動に重ねながら、大衆蜂起という言葉で語ろうとした。ただし、書評で野間易通さんは大衆蜂起をカギ括弧でくくって、「大衆蜂起」と表記している。わたしのように蜂起という言葉を使うのは適切でない、大袈裟《おおげさ》にすぎると感じたのかもしれない。たとえば２０１２年６月29日の、群衆による自然発生的な首相官邸前占拠という出来事を、蜂起という言葉で語るのは不適切だろうか。

たしかに日本では、とりわけ左翼のあいだでは、ロシア暦１９１７年10月25日に当時のペトログラードで起きた政治的事件が、蜂起の典型例と見なされてきた。しかし、この事件は、ボリシェヴィキ党が政治権力を奪取するために起こした軍事クーデタにすぎない。歴史に残る巨大蜂起は、その８か月前に不意に生じ、圧倒的な爆発力で帝政権力を吹き飛ばした２月の蜂起（いわゆる２月革命）である。日露戦争下の１９０５年にロシア各地で爆発した大衆蜂起と同じように、17年の２月蜂起も不意の大嵐さながらに突発し、権力側はむろんのことボリシェヴィキ党を含む左翼諸党派までをも動転させた。

襲われる側、倒される側の権力者からすれば似たようなものでも、クーデタと蜂起は原理的に異なる。蜂起という言葉の語源を考えてみよう。蜂の巣を叩《たた》いたりすると、巣穴から飛びだしてきた無数の蜂が「雲霞《うんか》」のごとく、敵を求め怒り狂って飛びまわる。この状態を「蜂が起きる」、ようするに蜂起という。室町時代の古文書に「土民蜂起す」とあるそうだが、これは土一揆や徳政一揆を指している。ムシロ旗を押し立て街道や町中に溢れだす農民の大群は、「蜂が起きる」光景を連想させたに違いない。

土地に縛りつけられた封建社会の農民は、どのような不満があろうと領主に逆らうことは許されていない。農民という身分、その社会的アイデンティティから一時的に逃れでることによって、人々は蜂起することができた。こうした事情は近代社会でも変わらない。敵の存在を感知して巣穴から飛びだす蜂のように、工場の作業台や教室の机から離れ、労働者や学生という固定的なアイデンティティから解放された者たちが、同じような無数の私たちと群れを形成する。これが蜂起の意味するところだ。

労働者である私、学生である私として、ようするに「何者かである私」としてわれわれは日常生活を生きている。しかし、そのようなアイデンティティを離脱しなければ、人々は蜂起することができない。蜂起する私とは「何者でもない私」、アイデンティティを失った「空虚な私」である。

蜂起には武装蜂起もあれば、非武装の蜂起もある。中央権力と対峙《たいじ》するような巨大蜂起もあれば、小規模な局地的蜂起もある。旧体制に勝利する蜂起もあれば、中途で失速し消滅する蜂起もある。家や職場から飛びだした人々は路上で群衆となる。この点では街頭の蜂起が出発点だが、19世紀のフランスや20世紀初頭のロシアの事例が示すように、運動が深みを獲得するにつれ工場や居住区、兵営や学校にまで蜂起は浸透していく。

高度に組織化された軍事行動としてのクーデタにたいし、嵐のように生起する大衆蜂起は無定型かつ無秩序な性格が顕著であり、軍隊の作戦行動のような組織性や計画性をもたない。街路に溢れでた大群衆の自然発生的な蜂起が、1917年2月にはロシアの帝政を崩壊に追いこんだ。2月の出来事が大衆蜂起だったことに疑いはない。すでに述べたように10月の場合は、ボリシェヴィキ党が支配下の軍隊を動かして政府機関を占拠したクーデタで、大衆蜂起とは無縁の事件だった。

その大量性に注目すれば「大衆＝マス」だし、砂粒のような人々が群れをなしている点では「群衆＝フール」になる。このように大衆と群衆は言葉として同じ対象を指しているし、したがって大衆蜂起は群衆蜂起でもある。以上のように蜂起という言葉を語源から捉えるなら、マドリッドのプエルタ・デル・ソル広場の占拠（2011年）や、カイロのタハリール広場のそれ（2011年）や、さらに2012年6月29日の首相官邸前や2015年8月30日の国会前のそれもまた、規模の大小や持続した時間の長短や団結力の強弱はあれ、いずれも大衆蜂起以外のなにものでもない。

大衆蜂起を生きる「何者でもない私」

蜂起という言葉のこのような理解には、あるいは異論が寄せられるかもしれない。19世紀フランスのバリケード神話の英雄ブランキは、厳格に組織された秘密結社による武装蜂起と権力の転覆という構想に導かれ、小規模な蜂起を幾度となく企てた。ブランキの四季協会による武装蜂起は、自然発生的で計画性や組織性をもたないという蜂起の定義に反するのではないか。

たかだか数百人の結社員による武装蜂起で、7月王政や第二帝政の国家権力を覆しうると、沈着冷静で知られた革命家ブランキが信じたわけはない。たとえばヴィクトル・ユゴーの『レ・ミゼラブル』に、1832年6月の蜂起（いわゆる6月暴動）を主題とした「プリュメ通りの牧歌とサン・ドニ通りの叙事詩」という部がある。ヒュー・ジャックマン主演のミュージカル映画でも描かれているように、共和派の学生を主体とした秘密結社「ABCの友」数十人が、7月王政の打倒と共和政の樹立を目標として、シャンブルリー通りの酒場を占拠しバリケードを築いた。

鎮圧軍に包囲された叛徒《はんと》たちは、一夜にしてパリ全市がバリケードで隙間なく覆われた7月革命の再現を待ちつづける。しかし日が暮れ、夜が更けてもパリ民衆は動く様子がない。蜂起の指導者アンジョルラスは「パリがわれわれを見棄てても、われわれはパリを見棄てない」と、孤立したバリケードを守って最後まで闘うことを誓う。

中央権力を一瞬のうちに吹き飛ばしてしまう全市的な巨大蜂起を、1789年の大革命、1830年の7月革命、1848年の2月革命、1871年のパリ・コミューンと、100年ほどのあいだにパリは4度にわたって体験している。こうした巨大蜂起を当時の人々は、抗《あらが》いようもなく一方的に襲来する自然現象のように感じていた。ユゴーはそれを岩礁に打ちつける大波に、またブランキは雷撃にたとえている。

パリ全市を覆うような巨大蜂起を嵐とすれば、秘密結社による局所的な小規模蜂起は雨乞いの儀礼のようなものだ。あるいは巨大蜂起が火薬樽《だる》の大爆発であれば、陰謀家たちの小蜂起は導火線に点火しようとする行為にすぎない。このように秘密結社の組織的で計画的な蜂起は、巨大で無定型な大衆蜂起に通じる限りで「蜂起」なのだ。

秘密結社の小蜂起を引き金として全市的な巨大蜂起を引き起こそうとするブランキの企ては、2度とも失敗に終わった。樽の火薬は湿っていたといわざるをえない。2月革命もパリ・コミューンもブランキの意思や計画とは無関係に、あたかも破壊的な自然現象のように彼方から襲来したのだが、同じような光景は21世紀の今日でも、世界中のあちこちで見ることができる。おのれの権力を盤石だと思いこんでいたムバラクにとって、あるいはイスラム同胞団や民主派の活動家にとってさえ、タハリール広場の大衆蜂起は不意に到来した嵐のように感じられたろう。

野間さんは交換エッセイの第2回をハスラー・アキラの"Cloud"から説き起こし、「3・11以降の社会運動の形態とは基本的にそういうもの」「雲みたいなもの」(松沢呉一氏の言葉を引用)だと強調していた。蜂起の語源である怒り狂って飛びまわる蜂の群れは、「雲霞」という言葉で比喩されうる。3・11以降の社会運動の「雲みたいな」性格は、この点からも大衆蜂起の大衆性や群衆性に通じるといえそうだ。また、あざらしの性格は次のようにも語られている。

あざらしは２０１４年には存在しなかった。そして、２０１６年にももういないだろう。これは、デモが終われば霧散するクラウドの、サブカル的な悪ノリを含むとりあえずの総称にすぎず、もっとも正確に記述するとしたら『誰でもない』ということになるのではないかと思う。

「あざらし」と称される「誰でもない」主体は、大衆蜂起を生きる「何者でもない私」ではないだろうか。

アイデンティティと「何者かである私」

蜂起の主体である「何者でもない私」の対極には、「何者かである私」が存在する。「何者でもない私」は「何者かである私」を、どのように捉えているのか。

首相官邸前抗議集会に際して反原連は、「労組の幟《のぼり》を林立させている集団には下ろしてもらうように言い、ところどころで労働組合からの反発を受けた」（『金曜官邸前抗議』）。反原連が主導するシングル・イシューの運動に、原発反対のメッセージと無関係な団体旗は不適切だというのが、たんぽぽ舎の原田裕史氏の主張だったという。ただし、「労組に限らず、特定の組織の旗が林立してるようなところに、一般の人は入りづらいですよ」という原田発言には、シングル・イシュー問題には還元されえないところがある。シングル・イシューの運動であろうとなかろうと、「特定の組織の旗が林立してるようなところに、一般の人は入りづらい」からだ。2003年3月21日のイラク反戦デモをめぐって、野間さん自身は次のように書いている。

私個人の体験としては、この日「生まれて初めて」デモに参加し、しかもそれがこのサウンドカーの隊列であったことは重要な影響を及ぼしていると思う。（略）これならデモに全然参加できるじゃん！という気分になったし、周りに自分の見慣れない労働組合風の人や新左翼セクト風の人がいないのもよかった。

「誰でもない私」「何者でもない私」として初めてデモに参加した野間さんは、「労働組合風の人や新左翼セクト風の人」に違和感を覚えていた。労働組合員のような「特定組織」に属する人は、デモに参加した「一般の人」を居心地悪い気分にさせる。存在性格という点で、「何者でもない私」としての「一般の人」の対極に位置するのが、労働組合員のような「何者かである私」だからだ。

工場で働いている人々という意味での労働者は、資本が作りだした客体にすぎない。しかし労働組合に結集し、賃上げや労働条件の改善を資本に要求する労働者階級は主体的に組織化された存在だ。

19世紀のパリで、ことあらば街路にバリケードを築き、ありあわせの銃で武装して市庁舎や宮殿を占拠したのは、没落した手工業者や産業化初期の不安定労働者、街路の半端仕事《プティ・メティエ》で生活の糧を得るしかない貧民プロレタリアたちだった。大多数は崩壊した農村共同体から都市の最下層に流れこんだ人々で、農民としてのアイデンティティは失われ、しかも産業労働者としてのアイデンティティは未確立という都市群衆、ようするに「何者でもない私」の大群。

このような都市群衆が、活火山のような大噴火を大衆蜂起として不定期に繰り返していた。ブランキの革命構想もまた、街路に充満する「何者でもない私」の大群を火薬樽と見なすところから生じている。しかしマルクスは、少数精鋭の武装蜂起によって火薬樽の導火線に点火するというブランキの構想を批判し、客体として存在する階級の主体的な組織化を主張した。19世紀後半の産業資本主義の急成長がマルクス派の追い風となる。機械制大工業の拡大と大規模化によって、客体的な労働者は量的に急増し、資本のもとで質的にも緊密に統合されていく。

これを労働組合に、さらには労働者政党に組織化し主体化するというマルクス派の構想は、19世紀末からドイツを中心に大成功を収めていく。分散的だった労働者は組合と議会政党に高度に組織化され、ブランキ派を含む初期社会主義の諸潮流はマルクス派に圧倒された。爆発の機会を窺《うかが》う社会的な爆弾のような「何者でもない私」の大群は、労働者というアイデンティティの所有者に、「何者かである私」の集合に再編成された。19世紀の不定型な群衆社会は、組織化された階級社会に変貌《へんぼう》したともいえる。

パリ・コミューンの敗北後、１９３０年代に左右の大衆蜂起が激突するまでの60年以上にわたり、第三共和政のパリは平穏だった。同じことが欧米の資本主義諸国全般にいえる。20世紀の巨大蜂起は１９１７年のロシアから東漸し、アジアの植民地・従属国の方向に波及した。危機の30年代と第二次大戦を乗り切った西側先進諸国は、労資協調体制と福祉国家を支柱として安定と繁栄を謳歌するにいたる。

60年安保の「市民」

欧米では19世紀末に完成された階級社会だが、資本主義後発国の日本でかたちをなしたのは、第二次大戦敗北の傷が癒える1950年代の半ばのことだ。今日からは想像もできないほど、日本の戦後社会は緊密に組織化された階級社会だった。労働者は労働組合に、農民は農協に、学生は自治会に、地域住民は町内会などに、小規模な商工業者は商工会に、資本（大企業経営者）は日経連（日本経営者団体連盟）や経団連（経済団体連合会）に組織化されていた。こうした諸階級・諸階層の基軸として資本家団体（日経連）と労働者団体（総評〈日本労働組合総評議会〉など）が対峙し、経済成長の分け前をめぐる取引と、そのための圧力型闘争が行われていた。また両階級の対立は、自由主義政党（自民党）と社会主義政党（社会党など）の対立として議会内に反映された。

60年安保を頂点とする社共総評の戦後革新勢力による政治闘争は、院内の与野党攻防に加え、院外の大衆集会や請願デモとしても展開された。街頭行動の中心には、総評の労働者や全学連（全日本学生自治会総連合）の学生たちが位置していた。同時に60年安保では、労組員や学生自治会員のような「何者かである者」とは異なる、「何者でもない私」が運動過程に初登場した。

労働組合や学生自治会のデモには入れない「一般の人」の受け皿として、声なき声の会が誕生する。「デモのような声ある声はともかく、声なき声は安保改定を支持している」という意味の岸首相発言に憤った思想の科学研究会の会員らが、虎ノ門で「誰デモ入れる声なき声の会」

という旗を掲げて歩きはじめると、歩道から加わる参加者のため隊列はたちまち膨れあがったという。

60年安保の運動過程で発生した「声なき声」の主は、まもなく「市民」と呼ばれるようになる。60年安保の「市民」は、べ平連など1960年代後半の市民運動に引き継がれた。総評の労働者も全学連の学生もシティズンという意味では市民だが、それと市民運動の「市民」はかならずしも同義ではない。市民権（シティズンシップ）を保障された者としての市民は、「何者かである私」そのものだ。この場面での「何者でもない私」は、非合法の移民労働者や難民だろう。

共和国の理想を掲げて19世紀パリで蜂起した人々は、「シトワイヤン」と称されていた。シティズン＝シトワイヤンは「何者かである私」なのか、あるいはパリの蜂起者のように「何者でもない私」なのか。いまだ市民ではないがゆえに、人は市民としての権利を闘いとろうとする。19世紀フランスの貧民プロレタリアは、市民になる以前の「市民」だった。同じことが、1950年代から60年代にかけて公民権運動を闘ったアフリカ系アメリカ人にもいえるだろう。

としても市民運動の「市民」を、19世紀の貧民プロレタリアと同一視するわけにはいかない。いうまでもなく声なき声の会やべ平連の「市民」は、政治的に解放され公民権を保障された存在である。

戦前社会の前近代的・半封建的な「歪《ゆが》み・遅れ」を克服し、欧米をモデルとする近代的な市民社会を形成しなければならないといった進歩的知識人の主張が、1950年代の日本では広範に支持されていた。自由で平等な個人として政治的共同体に参入する共和主義的主体は、市民革命を闘う過程で鍛えられた。形式的に市民の資格を得た戦後日本人は、いまだそれを実質化しえていない。丸山眞男のような戦後知識人からすれば、日本人は依然として市民以前の「市民」だった。

60年安保で初登場した「市民」は、労働組合や学生自治会に帰属しない「何者でもない私」として消極的に規定されるだけでなく、日本社会で市民的主体の自己確立をめざす者として積極的に評価されたのだろう。声なき声の会やベ平連の「市民」であれば、このような戦後知識人による評価も、ある程度までは妥当だった。

しかし1960年代後半には、60年安保の時期とは異なる種類の「誰でもない私」「何者でもない私」が、大学をバリケード封鎖する全共闘（全学共闘会議）学生として大量発生した。60年安保までの学生は、階級社会を構成する社会集団としての学生層に属し、自治会に加盟する「何者かである私」だった。

しかし60年代を通じて急膨張した新世代の学生は、「何者でもない私」としてキャンパスに溢れ、自治会とは異なる評議会型の運動体（全共闘）に自己組織化していく。評議会はフランスではコミューン、ロシアではソヴィエト、ドイツではレーテと呼ばれてきた。全共闘学生が戦後知識人を攻撃した事実からも、この「何者でもない私」を「市民」と定義するのには無理がある。

「大衆」を制度化した「階級」

市民革命が人間を政治的に解放しても、富と貧困の対立は少しも解決されていないし、そもそも自由で平等な市民的主体など幻想にすぎない。政治的解放の限界性を超える社会的解放が必要だというマルクスの批判は、19世紀的な市民社会という外皮の下に階級社会の実体を透視するものだった。人間の社会的解放を実現するには、資本によって生産された客体的な階級を主体化し、労働者を革命主体として組織化しなければならない。19世紀末の欧米では労働者の組織化が進展し、名実ともに階級社会の確立を見た。

しかし階級社会が安定的に存続しえたのは、19世紀末から第一次大戦までの30年ほどにすぎない。1929年に始まる大恐慌と失業者の激増は、階級脱落化《デクラセ》した砂のような「大衆」を大量に生じさせる。30年代のヨーロッパではボリシェヴィズム／ファシズム／アナキズムの三者が、20世紀的な「大衆」を革命的ヘゲモニーとして激しく争奪し、ファシズムがいったんの勝利を収めた。

第二次大戦後の西側先進諸国は、ファシズム化という30年代危機の反省や冷戦を戦う必要から労資協調体制と福祉国家の実現に邁進《まいしん》する。社会民主主義の労働組合と議会政党のもとに結集した「階級」が、革命の温床となりかねない「大衆」を安定的に制度化し、いったんは封じこめたように見えた。

大戦後の高度経済成長を通じて再建された階級社会だが、最盛期は1950年代から1960年代の前半で、60年代後半には早くも空洞化しはじめる。そして到来したのが、〈1968〉という豊かな社会への叛乱《はんらん》だった。〈1968〉の大衆蜂起が、アメリカでもフランスでも日本でも大学を拠点としたのには理由がある。大衆化の圧力は工場や職場に先行し、まず大学のキャンパスで「何者でもない私」を増殖させたからだ。

市民も労働者も、それぞれに「何者かである私」、アイデンティティを与えられ充実した主体である。19世紀的な市民でも20世紀的な階級でもない、あてどなくキャンパスを浮遊する空虚な主体、「何者でもない私」が全共闘という大衆蜂起の主役となる。

１９６０年代後半には、べ平連などの「市民」と全共闘の「大衆」が併存していた。プレ階級社会的な「市民」を理想とするのか、ポスト階級社会的な「大衆」として反近代の叛乱をめざすのか。両者の理念的な相違は無視できないが、類似点を見落としてはならない。「何者でもない私」という空虚で無規定な主体性はむろんのこと、「組織でなく運動」という評議会的な集団性、直接民主主義やダイレクトアクションの思想など、核心的なところで両者は共通していた。市民運動的「市民」と全共闘的「大衆」の分裂は放置されたまま、日本の〈１９６８〉は終息していく。

市民＝大衆としての「あざらし」

話をあざらしに戻そう。交換エッセイの第２回で、野間さんは次のように書いていた。「『反原連／しばき隊／ＳＥＡＬＤｓ』と３つ並べた場合、反原連やＳＥＡＬＤｓは比較的よくオーガナイズされた輪郭のはっきりした組織だが、真ん中の『しばき隊』は、すでに２０１３年に解散しているということもあって、まるでゴーストである。さらに正確には、その実体は２０

15年においては『あざらし』である」。

こうした場合の「しばき隊」は、メンバーシップ制のグループ「レイシストをしばき隊」やCRACとは異なる。「世間一般が『しばき隊』と呼んでいるものはそれ以外のさまざまなグループや個人を含む。総体的に見て、『反レイシズム運動の人』『カウンター』とほぼ同じ意味で使われているようである」。

この意味での「しばき隊」やあざらしは、しかし単なる「ゴースト」ではない。「この、デモやプロテストに集まり終われば霧散する『誰でもない』クラスタ」は、「ある種のリベラリズム的な思想をゆるく共有していて、それは実体のある集団として存在している」からだ。

2015年8月30日に国会前を占拠した人々のなかには、当然ながら「労働組合風の人や新左翼セクト風の人」が含まれていた。60年安保の声なき声の会を源流とするような市民団体のメンバーも。しかし多数を占めたのは、12年6月29日の首相官邸前と同様、組合にもセクトにも市民団体にも属さない「一般の人」だったろう。

戦争法案をめぐる政治情勢の緊迫に促され、初めて国会前に足を運んだ「一般の人」の大群と、これまでも首相官邸前や新大久保にしばしば出没していた「しばき隊」やあざらしの面々は、存在性格が異なるように見える。しかし両者の同一性を見逃すことはできない。

街頭行動のプロフェッショナルとして訓練されたあざらしも、当初は「一般の人」だった。しかも両者は「誰でもない私」「何者でもない私」という基本性格を共有する。「一般の人」が「労働組合風の人や新左翼セクト風の人」とは違う回路で政治化し、持続的な運動主体として自己確立していくとき、あざらしが誕生するのかもしれない。

興味深いのはあざらしが、声なき声の会に始まる「市民」性と全共闘的な「大衆」性の双方を、意識的・無意識的に継承しているらしい点だ。同じ陣営に属すると見なされていた進歩派教授を全共闘が徹底批判したように、「しばき隊」はヘサヨや大学の文化左翼などに容赦ない攻撃を浴びせかける。

現場で市民革命を闘ったのは、安定したアイデンティティをもたない都市群衆であり、これら貧民プロレタリア「大衆」はシトワイヤンを自任していた。ようするに、いまだ市民の域に達しない「市民」である。

このように、市民革命の現場で「市民」と「大衆」は一致していた。「何者かである私」としての「労働組合風の人や新左翼セクト風の人」に対立するあざらしは、市民性と大衆性の二重化という点で、かつてシトワイヤンと称した都市群衆の存在形態を再現しているのではないか。この点を厳密に問い質《ただ》していくなら、「ある種のリベラリズム的な思想をゆるく共有している集団」の意味するところも了解できるような気がする。

（2016年1月5日掲載）

第4章　国民なめんな

野間易通

あざらし・ドブネズミ・マルチチュード

絓《すが》秀実の『反原発の思想史』（筑摩書房、２０１2年）によれば、１９８８年に始まった「反原発ニューウェーブ」は、いまで言うロハスのルーツとなるようなヒッピー／ニューエイジ系の人脈のほかに、雑誌『宝島』を中心とした音楽／サブカルチャー周辺の若者が大きな役割を果たし、その周縁に「新左翼とは異なる新たな運動」が萌芽《ほうが》したという。そこに名前が挙がっているのは、外山恒一、松沢呉一、山本夜羽音、鹿島拾市などで、絓はこれらの無党派左翼の有象無象を「ドブネズミ」と呼んだ。命名の出典はザ・ブルーハーツ「リンダリンダ」の歌詞である。

絓は、この「ドブネズミ」が90年代のだめ連を経て２０００年代の素人の乱につながり、２０１1年4月10日の高円寺において1万５０００人を集めた反原発デモへと導く文脈だと言う。彼はここに集まった人々を「『市民』であるとともに、アントニオ・ネグリ／マイケル・ハートが言うところの『有象無象（マルチチュード）』のようでもある」とする。

素人の乱が主催した「原発やめろデモ！！！！！」は、２０１1年9月までの半年間しか続かなかったが、かわって「脱原発杉並」というグループがつくられ、素人の乱スタイルの反原発運動を継承した。このグループの人たちも、みずからを「有象無象」すなわち名もなき雑多な集団と称した。

しかし後に「あざらし」を形成する人々は、もともとは素人の乱の祝祭的な反原発デモに批判的な動機で独自に反原発デモを始めた「TwitNoNukes」がルーツである。すなわちあざらしはドブネズミの系譜にはない。この差異についてはあまり語られることがないが、有象無象、マルチチュード、あるいは「何者でもない人々」がどのような姿をしているかについて、大きな認識の差がある。

2012年8月に素人の乱の二木信と私は乃木坂のレゲエクラブCACTUSでトークセッションを行ったが、そこでも双方の認識の差が浮き彫りになった。二木は首都圏反原発連合の官邸前抗議のスタイルを批判してこう言う。「官邸前デモでは規範や規律が重視されていて、はみだし者が自由に参加する余地があまりない」。それに対して私は、「大衆というのは、はみだし者の集合ではない。そのはみだし者が忌避するような、規律を好む穏健で目立たない普通の人たちの集まりである」と反論した。デモや抗議行動が奇異な格好で反社会的行動を好んでとるようなはみだし者の集まりになるとそれは同好の士の集いにすぎなくなり、ひいてはデモそれ自体が目的化してしまう。官邸前に集まっている人々のあいだに「反社会的で暴力的なアンチヒーローを望む声」などなく、ただ政策を変更してほしいと訴えているだけなのだと。

つまり、二木の言うようなデモってサブカルじゃん。と、ぶっちゃけて言えばそういうことになる。そこで求められているのは「個人の自由や多様性」であり、サウンドデモによる「祝祭」である。つまり、社会の周縁に追いやられているはみだし者たちが、個としての自分たちの存在を承認されるためのハレの場なのだ。これは、貧乏人であるとか不良であるとか前科者であるとかはみだし者であるとか、決して社会的に承認された何者かではないというみずからの属性を、デモの場でだけは捨て去りたいという欲望のように思える。

考えてみれば「だめ連」にしろ「素人の乱」にしろ、その名称には「取るに足らない」「我々は何者でもない」ということを示す単語が入っており、もちろんそれは一種の皮肉なのであって、そのことで逆説的に自分たちのアイデンティティを主張しているのである。これはやはりアイデンティティ・ポリティクスの一種だ。

ではウォールストリート占拠運動が掲げた“We Are The 99%”のように、自分たちが多数派であることを示すスローガンもアイデンティティ・ポリティクスだろうか。しかし「はみだし者」はその名が示す通り99％もいないのである。それが全体の99％であれば形容矛盾である。

なので、絓秀実の言う「ドブネズミ」（これ自体が日陰者を示す形容であり、マイノリティを表象している）の発展形が果たしてマルチチュードなのかといえば、それには大きな疑問を抱かざるをえないのだ。もちろんネグリ／ハートによれば、マルチチュードとは叛乱の主体でありその意味で体制に従順でおとなしい民衆が即座にマルチチュードたりえるわけではない。しかし果たして実際の叛乱とは、はみだし者の祝祭のような形態を取るのであろうか。

さて、最初に名前の挙がった外山恒一、松沢呉一、山本夜羽音、鹿島拾市は、実は全員「レイシストをしばき隊」になんらかのかたちで関係している。山本と鹿島は一度だけしばき隊に参加したが、考えが合わないということで除名となった。鹿島拾市はのちに反レイシズム運動のなかから出た書籍としてはもっとも商業的に成功した『九月、東京の路上で』（ころから、2014年）を著した加藤直樹である。松沢呉一はしばき隊に入ることはなかったが、路上やイベントでは常に共闘し、しばき隊を高く評価し、2013年以降の反レイシズム運動にがっちり主体的にコミットしてきた一人である。外山恒一はしばき隊と直接関係がないが大きく反応し、しばき隊を「第3回外山恒一賞」に選出してしまったほどであった。しかしこれらの人々も、レイシストをしばき隊がCRACと名前を変えて以降は、どちらかというと距離を置くようになった。

レイシストをしばき隊は、かつてのドブネズミと3・11以降の運動をつなぐ最後の結節点だったのかもしれないと、いまになって思うのである。

「国民なめんな」

安保法案が衆議院で強行採決された2015年7月15日の夜、国会正門前の歩道でジャーナリストの魚住昭さんにばったり会った。「SEALDsについてどう思うか」とおっしゃるので、私はこう力説した。

「彼らは〝国民なめんな〟ってコールしてるでしょう。これが完全に新しいんですよ!」

7月15〜17日は、総がかり行動実行委員会とSEALDsの共催で3日間連続の緊急抗議行動が行われていた。強行採決の夜は、2015年の安保法制反対デモにおいて初めて国会前の車道に人が溢れた日だった。2012年7月29日に首都圏反原発連合主催の反原発抗議行動で正門前車道が人で埋まって以来、3年ぶりのことだった。人数は主催者発表で10万人だったが、これが正確なのかどうかは知らない。群衆は3年前のように車道全部を埋めるにいたらなかったが、しかし国会正門前の歩道とその奥にある前庭公園はかなりの広範囲・長時間にわたって人で溢れかえっていて、その一部が2車線にわたって溢れ出たのだった。

　魚住さんは言った。

「たしかに。ぼくも国民という言葉には抵抗がある。少なくとも、自分の記事には書けない」

　いま書きながら思ったのだが、なんで「国民」なんていう言葉にいちいち引っかかるのだろう？　というのが、おそらく一般「国民」の大半の感覚ではないかと思う。議会政治においては自民党から共産党にいたるまで「国民」という言葉を普通に使っており、政治的な文脈でもとくに問題のある言葉とは見なされていないはずだ。

　ところが、社会運動の現場や左派アカデミアではそうではない。「国民」は、外国籍住民を除外する排除の言葉だというのである。

　この「国民」問題には、2011年に反原発デモをやっていたころから、たびたび遭遇した。とくに在日や外国人の問題に取り組んできた人たちが、この言葉を排除の記号として捉えることが多い。たとえば在日朝鮮人はかつて「国民」から「外国人」になった人々だが、そのために「国民」の権利をことごとく享受することができなかった。あるいは難民問題では、「国民」であることそのものがみずからの命を危険にさらす状況の人々をサポートしてきた人たちがそうした認識を持つ。もちろんこれは理解できる。そして何より、「国民」を忌避するもっとも大きな要因は保守／右派勢力の国家主義に対する警戒であろう。なので無党派の市民運動や社会運動の場では、自らを含む大衆の総称として「国民」という言葉はほとんど用いられてはこず、むしろタブーとなっていた。もっとも標準的に使われてきたのは「市民」である。

ただしこの「市民」は、市民権（citizenship）を持つ主体（citizen）ではない。第3章で笠井さんが詳述したように、これは「『声なき声』の主」であり、「自由で平等な個人として政治的共同体に参入する共和主義的主体」をめざすものだった。対して「国民」とは、主に日本国家によって規定されるものであり、その言葉を自称に使うこと自体が国家主義的であるという認識が、日本の「市民」のあいだには広まっていたと思う。

その「市民」は、ときに「世界市民」や「地球市民」といったかたちで、コスモポリタニズムを主張することもある。リベラルな運動のなかでいまだにジョン・レノンの「イマジン」が好んで聞かれるのも、こうしたことと無関係ではないだろう。天国も国境もなく金持ちも貧乏人もいないユートピア、それは、ナショナリズムを克服し個人の自由と平等を重んずる「市民」の態度にフィットしつづけているのだと思う。要するにベ平連以降の「市民」は、国民国家を否定する要素を少なからぬ割合で備えており、換言すれば「国民」への対抗概念とすら言えるものだったのではないか。なかには「国民」という言葉にほとんど「臣民」に近いニュアンスを読み取っている人もいる。

プロ市民と右派市民

しかしそうした「市民」は、90年代後半以降の日本では揶揄《やゆ》されるべき欺瞞的な存在と見なされるようになった。それを端的に表現したのが、ネットスラングである「プロ市民」である。市民運動に現れる「市民」活動家は、いつも平日の昼間からデモや抗議行動をしている――いったいどうやって食っているのか、という疑問から彼らはカンパやデモ日当で市民運動そのものを食い扶持《ぶち》にしているプロフェッショナルであり、正義のためではなくカネのためにやっているのだという結論に飛躍する。つまりプロ市民の「プロ」とは、パチプロの「プロ」と同義である。

多くの労働組合やNPO、あるいは規模の大きな市民団体には専従の職員や活動家がおり、業務に従事して報酬を得ている人もいる。労働組合での動員では弁当が出たり交通費が支給されたりということもあるらしい。また、実際に運動を食い物にするセクトや団体もいるのではないかと思う。しかし右派が「プロ市民」と蔑む多くの人々、すなわち一般的なデモ参加者においては、利益を得ている人間など例外的な存在だろう。

「商売としての運動」の実態はともかく、90年代後半に新しい歴史教科書をつくる会が登場して以降の右派／保守運動は、この「市民」を自分たちの側に取り戻すためのものだった。小熊英二・上野陽子『〈癒し〉のナショナリズム』（慶應義塾大学出版会、２００３年）によれば、当時つくる会に参加していた「草の根保守」の自意識は「良識ある普通の市民」であり、参与観察を行った上野は彼らが自分たちをそう表象する理由について「それ以外の適当な言葉を見つけられないから」と結論づけている。すなわち右派もまた「何者でもない人々」なのであり、これはいわゆるネット右翼の多くが「日本が好きな普通の日本人」を自称していることにもつながる。

以後、２００７年に桜井誠の「在日特権を許さない市民の会（在特会）」と黒田大輔の「日本を護る市民の会（日護会）」、翌２００８年には「河野談話の白紙撤回を求める市民の会」と、相次いで「市民」を名乗る右派団体が立ちあがった。「河野談話の…」の代表は主権回復を目指す会の西村修平であり、呼びかけ人や賛同者には在特会の桜井やネオナチの瀬戸弘幸などがいる。また同じ年に、これもネット右翼有志によってそのものずばり「名も無き市民の会（名無し会）」というものが発足している。「名無し会」という略称は、２ちゃんねる掲示板のデフォルト投稿者名「名無しさん」を直接連想させるものである。

これら「ネット右翼」発の市民団体のうち、啓蒙《けいもう》や広報、ロビイングなどを活動目的とする名無し会以外は、街頭デモや直接抗議行動を積極的に行い、後に「行動する保守」と呼ばれる政治的潮流をかたちづくるようになった。これを提唱した西村修平は徳島大学の樋口直人の聞き取り調査に答えて、[*1]「安保みたいに」「社会に騒乱を、社会に混乱を招くぐらいの」運動が右派や保守にできていないという危機意識から、「語る運動から行動する運動へ」というスローガンを打ち立てたと語っている。この「行動する保守」運動の特徴は非常に排外主義的なことで、2000年代後半以降現在までの主なヘイトクライムやヘイトスピーチ問題の大半が、在特会らを含むこの一派によって引き起こされている。また、警察や公安調査庁やマスコミも、彼らのことを既存の右翼団体と区別して「右派系市民グループ」と記述する。

このように、2000年代後半以降の社会運動では保守／右派が「我々こそが市民である」「我々こそが国民である」ということを猛烈な勢いで主張し、レイシズムをその主なツールとして「安保みたい」な蜂起の主体となろうとしてきた。その内実はかつて左派が夢想した市民(citizen あるいは citoyen)とはかけ離れているが、にもかかわらず彼らが「何者でもない人々」であることは間違いがないのだ。

在特会が登場した当初、こうしたネット右翼のバックには日本会議がいるとか、あるいは自民党の政治家が動かしているのだといった言説がリベラルのあいだでまことしやかに流れたが、これは右派が（広義の）しばき隊やＳＥＡＬＤｓの背後で共産党が糸を引いていると夢想するのと同じようなものだ。安田浩一や樋口直人の仕事によって明らかになったように、彼らにはバックはなく、本当の草の根である。完全に「普通」の人々なのだ。

３・11以降のナショナリズム

こうした状況のなかで３・11が起こり、今度は左派やリベラルが「市民」を取り戻さなくてはならなくなった。いや、市民だけではなく「国民」をも自分たちの側に取り戻そうとする動きが、３・11以降のリベラル社会運動には確実に存在する。それは大雑把に言えばナショナリズムということになろうが、ナショナリズムもまた「普通」の、そのへんの名もなき人々が拭い難く内面化しているものであり、左派においても右派においても大衆を動かす原動力となり、ときに全体主義を招く要因となる。

左派リベラルや反戦平和主義者が「お花畑」と揶揄されてきたのは、「イマジン」の歌詞にもあるようなユートピアを夢想するお気楽な人と見なされていたからであり、世界市民だの地球市民だのと気取っているが現実の国家（すなわち日本）に起きる問題には無関心で、主体的に関わろうとしない無責任な人々だと思われたからである。この現実の国家に起きる問題の見立ては北朝鮮による拉致被害のような具体的な主権侵害／人権侵害から、地震や原発事故といった災害、そして中韓が日本に攻めてくるといった非現実的なものまでさまざまなレベルがあるが、個別の事例に対する是非はとりあえず置いておく。重要なことは、そうしたさまざまなトラブルに対して傍観者的であると見なされたことだ。

実際、「国民」という言葉に拒否反応を示す人々は単に多様性を重視するコスモポリタンであっただけではなく、同時にこの国民国家の枠組みのなかで「国民」としてどう主体的に振舞うかという視点を欠く傾向が強いと思う。護憲を主張しながら、憲法に主権者として明記されている主体である「国民」であることを放棄して、実際には存在しない世界市民、地球市民のポジションにみずからを置くことでその責任から逃れてきたのではないか。

こうした人々が、国家は悪だ、民族などフィクションだ、ナショナリズムなど無意味だと無邪気に主張するとき、まず民族や国籍の違いゆえに国家の庇護《ひご》から排除されてきたマイノリティは「自分はマジョリティの特権を十分保障されていながらずいぶん気楽なものだ」という反応をする。そしてこれは、マイノリティだけでなく多くのマジョリティにとっても無責任な振る舞いとして認識されるのだった。要は、大衆は一種のカスタマー・メンタリティをそこに読み取っていた。批判するばかりで自分は何もしようとしないではないか、というわけである。反原発運動や反安保法制運動において「代替案を出せ」という非難が少なからず巻き起こったことも、こうした認識と無関係ではないだろう。

一方で3・11以降の反原発運動には、早い段階で「ふるさと守れ」「日本を守れ」というスローガンが登場し、日の丸を手に参加する人が現れた。日章旗を持ってくる人は必ずしも右翼ではなく、無党派のリベラル市民であったり、保守層の反原発派だった（むしろ統一戦線義勇軍のような新右翼はシングル・イシューに外れるとして無党派の反原発デモに参加するときは日章旗を持参しなかった）。当然、それが元で旧来の左派リベラル市民運動の人々とたびたびトラブルになった。

首都圏反原発連合の官邸前抗議では毎回大きな日章旗が先頭に立っていたが、これは反原連のスタッフが掲げたものではなく、一般参加者が持ちこんだものだった。しかし反原連は、それをとくに排除することはしなかった。国内の土地が直接的に原発事故によって汚染されたことによって、反原発運動がナショナリズムの性格を帯びることは不可避だという認識があったのだ。

『金曜官邸前抗議』に、私はこう書いている。

日の丸は星条旗のように市民革命を経て成立したものではなく、太極旗のように抗日運動によって取り戻した旗でもない。だからいまだに、良くも悪くも強大凶悪な国家権力、つまり「お上」の象徴としかとらえられないのは仕方のないことかもしれない。しかしいつまでも日の丸をお上の象徴として忌避しつづけるだけでは、自分たちの手で民主主義を実現することは難しいのではないかと思う。そして社会運動は日本の大衆の心情と乖離する一方となるだろう。

この本が出た2か月後には、私はレイシストをしばき隊を呼びかけて、新大久保で日の丸を林立させる集団に向かって「死ねこの野郎」と罵っていたわけだが、決して矛盾してはいないと思う。そして在特会の掲げる日の丸もまた、彼らの認識はどうであれ「お上」の象徴では決してなく、「何者でもない自分たち」を表象するためのとりあえずの手近なシンボルにすぎなかった。だからしばき隊に参加した民族派右翼たちは、「日の丸を降ろせ」と彼らに向かって叫んだのだ。

反レイシズム運動のなかのナショナリズム

レイシストをしばき隊に始まった2013年以降の反ヘイト・カウンター運動もまた、それ以前の反排外主義運動とは異なり、あからさまにナショナリズムを動員していた。プラカードには「ネトウヨは日本の癌《がん》」「レイシストは日本の恥」といった文言が並んだ。参議院議員の有田芳生は同年3月に開いたヘイトスピーチに関する初の院内集会に一水会の木村三浩を登壇させた。木村の発言はヘイトスピーチを品位の問題として語るもので内容には失望したが、それでもまだこの段階では、新右翼が日本国民の矜持《きょうじ》の問題としてヘイトスピーチを批判するという言説が求められていたのだと思う。

鈴木邦男や木村三浩、それに統一戦線義勇軍の針谷大輔などが2010年ごろからはっきりと在特会や行動する保守を批判してきたこともあって、野村秋介門下といえる新右翼の面々は一般に排外主義や民族差別に批判的だ——と、当時は思われていた。しかし実際には、村田春樹や瀬戸弘幸など行動する保守の一翼を担う筋金入りの排外主義者もまた、元新右翼なのだ。

新大久保でプラカードを掲げていたのは木野寿紀が呼びかけたプラカード隊で、これはレイシストをしばき隊とは別の人々であったが、木野はプラカ隊を呼びかけた理由として「ヘサヨ」への批判があったことをツイッターで語っている。

2010までの在特会へのカウンター行動というと、日の丸を赤い糞便《ふんべん》形に描いたプラカードとか、「レイシストには日の丸がよく似合う」なんてものとか、在特会への罵声も「日の丸野郎！」とか、なんでそんなに双方とも日の丸が好きなんだよ、という感じだったのですよ。

で、2010年までの「レイシストには日の丸がよく似合う」みたいなプラカードばっかりだと、もう保守派の人たちなんか入ってこられないわけです。「愛国者として差別には反対だ！」みたいな人も新大久保にはたくさん来てくれてますが、いままでは参加できなかったんですよね。

まったくの善意で、ああいった差別デモは許せないから反対の意思を表明したいよね、と思って通りに立った人たちなのに「仲良くしようぜとは何だ！」「お前も在特会と同じ、差別者だ！」なんて罵倒を連日浴びたら、もうこの手の問題には関わりたくなくなりますよね。何もしないほうがいいんだ、となる。

レイシストの醜悪なデモ行進にプラカードで抗議する、たったこれだけのことをするために、レイシストやネトウヨはともかく、一部の左翼から強烈な糾弾を受けなきゃならないわけです。普通の人だったら、そんなことされたら関わりたくなくなりますよ。当たり前です。いま社会の中にある差別や不平等なんかを解消することより、自身の潔癖性アピールと、他者を徹底的に糾弾する快感を優先する人たちのせいで、社会運動が崩壊してきたことか。多くの「良識ある市民」が遠ざかってしまったことか。*2

ここで語られているのは「愛国者」「保守派」だが、実際新大久保の路上カウンターには民族派右翼とまでは言えない単なる保守みたいな人がたくさんいた。それは現在の「あざらし」のなかにも多く、私の基準ではすべて穏健派リベラルまたは保守リベラルのような人たちである。このような人たちは反原発運動のなかにもたくさんいた。２０１２～13年の反原発運動やカウンター運動に爆発的に人が集まったのは、こうした「何者でもない人々」が大量に参加したからである。

「我々日本人をなめるな！」と叫ぶ行動する保守のレイシストたちを、カウンターの面々はこう痛罵した。

「一丁前に日本人ヅラしてんじゃねえ！」「レイシストは日本から出ていけ」

よく言われることだが、現在の反レイシズム運動では、被害者であるマイノリティに寄り添いそれを支援するのではなく、社会の病理としてのレイシズムやヘイトスピーチを直接相手にするという基本コンセプトが共有されている。これを乱暴な言葉で表現すると「在日を守るためにやっているのではない。社会を守るためである」となる。だからレイシストをしばき隊の初期においては、「守る」という言葉は禁句となっていた。そのためにナショナリズムが動員されたのは私や木野が何かを「指導」したからではなく、ごく自然な成り行きであったと思う。つまり、右翼も拒まずに運動に受け入れていたら、当たり前のようにそうなったのだ。

しかし、ヒントとなるようなものはあった。

しばき隊結成から遡ること2年強、私は2010年の11月に、関西学院大学教授の金明秀《キムミョンス》の講座を聞きに行った。当日の論題は、金が前年に500人の日本人を対象に行った排外主義に関する意識調査の中間報告のようなもので、その結果「伝統への意識やナショナル・プライドは高いほうが排外主義を押し下げる方向に働く」ということがわかったという。

ナショナル・プライドとは、自分たちの国家のあり方についての誇り、とでも言うべきもののことで、要するに自分たちが住む国を誇りを持てるよい国にしたいという願望のようなものである。金によれば、情緒的なパトリオティズムは排外主義に傾きやすいが、ナショナル・プライドは逆に作用するという。パトリオティズムが愛国とするなら、ナショナル・プライドは憂国を動機とするのかもしれない。

この調査結果はまさに、3年後の新大久保で実証されたと言っていいのではないか。カウンターに参加していたのはほとんどが日本人であり、その動機は、「日本人がやっているヘイトスピーチは日本人の手でなんとかしなければいけない」というものであった。なぜなら、これは国や社会を壊すからである。シティズンシップを持つ自分たちがそれを持たない在日やニューカマーを代弁して彼らのためにやってやるというものではなく、直接的に自分たちのために、自分たちが主体となってこの事態に責任を負うというのが、その考えの根本だった。そのため被害の当事者たる在日コリアンが置き去りになるという批判もあったが、彼らが被害の当事者であるとするなら、こちらは加害側の当事者だという認識があった。今でも「しばき隊」と総称される反レイシズム運動の基本路線はこの当時のままである。

このように、3・11以降の社会運動におけるナショナリズムは排外主義者らの「愛国心(patriotism)」と保守・左派双方の「憂国心(national pride)」のせめぎあいの様相を呈していた。SEALDsの「国民なめんな」は、そうした背景の上に登場したのである。

「国民」の復権

注意すべきは、このナショナル・プライドという概念はもちろん国家による国威発揚にもそのまま使われるということである。英語の辞書を見れば「国家的威信」とも訳されていて、ようするに東条英機を描いた映画『プライド　運命の瞬間《とき》』（監督／伊藤俊也、1998年）におけるプライドや欧米の排外主義運動のスローガンになっている“white pride”におけるプライドが、この用法に近いものだ。

一方で、セクシャル・マイノリティの祭典である「レインボー・プライド」や、映画『パレードへようこそ』（監督／マシュー・ウォーチャス、2014年）の原題である“Pride”は、少数派の誇りという意味であり、こちらもよく知られた用法だ。しかし排外主義に対抗する原動力としてのナショナル・プライドにおけるプライドは、そのどちらともニュアンスが違うことに注意しなければならない。

SEALDsの「国民なめんな」は、文字通りナショナル・プライドの発露である。この場合、SEALDsが「国民」という言葉を使ったからといって、運動から在日外国人を排除したと考えるのは間違いだ。なぜならＳＥＡＬＤｓには外国籍の学生も参加しているからである。とはいえ、年配の左派や在日コリアンには「国民」という用語への抵抗は大きく（その言葉によって歴史的にさまざまな排除を経験してきたのだから当たり前である）、デモに参加しても「国民なめんな」だけは唱和しないという人が多い。

この「国民」は何なのか。

共産党や社民党がごくごく当たり前のように「国民」という用語を使うなかで、一般的には説明が必要な言葉でもないのだが、リベラル社会運動の文脈においては、これは大きなパラダイム・シフトだと私は思っている。

政治学者の木下ちがやはこの国民問題について、日高六郎を引いて次のように述べている。

「『国民とは国民たろうとする人民だ』『国民とは国の方向を作り出していく人民だ』。そうだとすれば運動に参加した人々こそ『国民』ではないか。政府と国家機構の外で自ら日本の政治を方向づける「被治者」は、自分が権利の上で国家より先にあるものとしての「国民」であることを知りかつ示した」

日高はこの国民概念を、戦後直後の私生活主義から脱却し、政治的情熱を持ち始めた人々をあらわす言葉として使っています。昨今の国民概念批判が国籍概念とほぼイコールに使うのとは全く違います。

ですから、今の運動における国民という言葉は、能動的主体的政治参加が大衆的な広がりをもったことの「指標」として「再発見」されたとも言えるわけです。こうした概念の揺らぎそのものが、いまの日本政治の揺らぎの指標であると捉えることが大事だと思います。[*3]

SEALDsの「国民なめんな」は、政府（state）に向けて国民（nation）が「言うことを聞け」と訴えかけるスローガンであり、国家に明確に対峙する主体としての国民というものが、数十年ぶりに明白な形となって立ち現れたことを示しているのではないか。これは「言うこと聞かせる番だ俺たちが」というスローガンと対になっている。

日本という国の主権者はあくまで「国民」であり、政府が勝手なことをするのは許されない。とくに運動の主題が「憲法を守れ」というものである以上、これは現在自分が主権者として所属している国民国家の枠組みを直接問いなおすものであり、だとすれば国家に真正面から対峙する政治主体としての国民を名乗るほかないのである。まして政府や右派が国民の代弁者を装って排外主義を煽《あお》り戦争への道を開こうとしているときには、はっきりと「国民」の名においてそれを拒否しなければならない。つまり、政府や国家から「国民」を取り戻す必要がある。「国民」概念がこうした二面性を持つのは、何も日本に限ったことではない。1989年、ベルリンの壁崩壊のきっかけとなったライプツィヒの「月曜デモ」において、当時の東ドイツ国民がホーネッカーに対して掲げたスローガンは“Wir sind das Volk”すなわち「我々こそが国民だ」であった。das Volk は英語で言うところの the people で、すなわち文字通りには「人民」だが、国家に対峙する主体としての「国民」を意味している（日本国憲法における「国民」も、英文では the people である）。ところが2016年の現在、“Wir sind das Volk”はペギーダ（極右排外主義団体「西欧のイスラム化に反対する欧州愛国者」）たちが、国内のムスリムや移民、難民を排斥するスローガンとしてデモで掲げるものなのだ。

若いSEALDsがそれまでの左派リベラルの因習を知っていたとは思えず、したがって彼らは「国民」という言葉をそのままなんの抵抗もなく使っただけなのではないかと思う。しかしそれはSEALDsが、これまで堂々と「国民」を名乗ることのできなかった中途半端な「市民」、つまり「国民」であることを拒否した人々ではなく、サッカーの国際試合で熱狂して日の丸を振る多くの普通の国民に近い存在であることを示している。すでにSEALDsはあざらしとも違って「何者でもない人々」ですらないのであった。

（２０１６年1月15日掲載）

＊1　樋口直人『「行動する保守」の論理（1）：中国が重要というα氏の場合』（２０１３年）。この論文では名前が伏せられているが、内容から筆者が西村修平と判断した。

＊2　togetter：「ヘサヨ」とは何か（わかりやすい解説）http://togetter.com/li/514262

＊3　２０１５年8月9日の木下ちがやのツイートより。

第5章　ピープルとネーション

笠井　潔

社会運動の2011年以前／以降

1988年の「反原発ニューウェーブ」を起点とする「ドブネズミ」の「新左翼とは異なる新たな運動」が、90年代のだめ連を経由して2000年代の素人の乱に、さらには2011年4月10日の高円寺反原発デモに流れこんだという絓秀実説を取りあげ、前章の野間易通さんは次のようにコメントしている。

しかし後に「あざらし」を形成する人々は、もともとは素人の乱の祝祭的な反原発デモに批判的な動機で独自に反原発デモを始めた「TwitNoNukes」がルーツである。すなわちあざらしはドブネズミの系譜にはない。この差異についてはあまり語られることがないが、有象無象、マルチチュード、あるいは「何者でもない人々」がどのような姿をしているかについて、大きな認識の差がある。

野間さんが指摘する「ドブネズミ」とあざらしの差異性は、日本の社会運動に固有のものではない。おそらくそれは、国際的な社会運動の２０１１年以前と以降の非連続性に対応している。チュニジアやエジプトなどアラブ諸国での連続蜂起、マドリッドのプエルタ・デル・ソル広場占拠、アテネのシンタグマ広場占拠、トッテナムを発火点とするイギリスの連続都市暴動、アメリカのウォール街占拠（ＯＷＳ）などなど。これら２０１１年に連鎖した大衆蜂起によって、社会運動は国際的に新たなステージに移行した。

〈１９６８〉に倣って、２０１１年以降の新たな時代を〈２０１１〉としよう。14年の台湾と香港、15年の日本での大衆蜂起などが示すように、〈２０１１〉は5年後の今日も世界各地で進行中だ。この点は〈１９６８〉にしても同様で、たとえばイタリアでは10年後の70年代末まで〈１９６８〉は続いた。

２０１１年と同じ切断線が日本では、素人の乱による11年4月10日の高円寺反原発デモや6月11日新宿アルタ前集会と、反原連が主催した12年6月〜8月の首相官邸前抗議行動のあいだに走っている。さらに微視的には、民族派の針谷大輔の登壇を「ヘイトスピーチに反対する会」が阻止したことから生じた6・11集会の混乱に、社会運動史的な切断線を見ることが可能かもしれない。

ただし「右翼」を拒否した旧新左翼系無党派と、シングル・イシューの観点からそれを容認するグループとの対立に際し、前者を〈2011〉以前の勢力として捉えるのは当然としても、後者の総体が〈2011〉の質を達成しているとはいえない。野間さんが言及しているアントニオ・ネグリとマイケル・ハートのマルチチュード論を補助線として、2011年以前と以降をめぐる問題の検討に移ろう。

不意打ちを喰《く》らわされた『〈帝国〉』

社会運動史的な切断の意味を明らかにするため、〈1968〉から〈2011〉にいたる過程を簡単に振り返ることにしよう。1970年代以降の西側先進諸国は、フェミニズムなどのマイノリティ運動やエコロジーや反核などを中心とする「新しい社会運動」の時代に入る。社会主義の崩壊（1989年）とアメリカ「独覇」時代の到来まで、〈1968〉を部分的に引き継いだ「新しい社会運動」のステージは持続した。

西ドイツを中心に80年代を通して展開されてきた反核運動、たとえばアメリカの新型中距離核ミサイルの配備に抗議する運動は、東西冷戦の終結によって一段落する。また緑の党として政治的に組織化されたエコロジー運動も、90年代にはグローバリズムという新たな敵に直面し、運動の根本的な再編成を迫られた。同じことがフェミニズムを含むマイノリティ運動にもいえるだろう。90年代には、アイデンティティ・ポリティクスのPC（ポリティカル・コレクトネス）的頽落《たいらく》が無視できないようになる。

「新しい社会運動」に代わって社会運動を主導しはじめたのは、サパティスタ蜂起（1994年）とシアトル暴動（1999年）を二つの原点とする反グローバリズム運動だった。この点についてネグリ／ハートも「闘争の新しい国際的サイクルがついに登場したのは、一九九〇年代末、グローバリゼーションの諸問題をめぐってのことだった」（『マルチチュード』下巻、NHKブックス、2005年）と指摘している。

シアトルでの抗議行動は、北米とヨーロッパでのグローバル権力の代表者たちのサミットに向けてその後何年にもわたって行われることになる一連の抗議行動の口火を切ったばかりでなく、IMF（国際通貨基金）や世界銀行、北米自由貿易協定（NAFTA）といった新しいグローバル権力構造を代表する機関に抗して、それ以前からグローバルな南で起きていた無数の闘争のなかに、抗議行動サイクルの真の起源があることを明らかにしてみせた。

この運動の「理論」として受けとめられたのが、『マルチチュード』に先行する『〈帝国〉』（以文社、2003年　※原著刊行は2000年）だった。社会主義の崩壊以降に全面化したネットワーク状のグローバル秩序と21世紀的な新資本主義のシステムを、この著作でネグリ／ハートは理論的に解明しようと努めている。もちろん『〈帝国〉』が、反グローバリズム運動に指導理論として君臨していたわけではない。指導理論も教条的イデオロギーも必要としない点にこそ、20世紀のそれとは根本的に異なるところの、21世紀的な社会運動の画期性がある。それでもこの著作が、各国の反グローバリズム活動家に少なからぬ影響をもたらしたのは事実だ。

ネグリ／ハートによれば、〈帝国〉とは「市場と生産回路のグローバル化に伴う「グローバルな秩序、支配の新たな論理と構造、ひと言でいえば新たな主権の形態」（『〈帝国〉』）であり、これを変革する主体としてマルチチュードが対置される。『〈帝国〉』には、21世紀資本主義の構造的な危機をめぐる分析は基本的に存在しない。マルチチュードは新資本主義の危機でなく、その繁栄の必然的な産物として概念化されている。しかし〈2011〉は、2008年のリーマン・ブラザーズ破綻に始まる国際経済危機を共通の背景として生じた。「反貧困」を焦点とする南欧などの運動はむろんのこと、「民主化」を要求したアラブ諸国の場合も含めて。ウォール街の投資家が礼讃するニューエコノミー論と同様に、ある意味で『〈帝国〉』の資本主義論もまた〈2011〉に不意打ちを喰らわされたといわなければならない。

経済的には2008年のサブプライム危機、政治的にはイラク撤兵を公約としたオバマ大統領の誕生が、20年ほど続いたアメリカ「独覇」時代を終わらせる。サブプライム危機の爆発は、ネグリ／ハートが広義のニューエコノミー論者と曖昧に共有していた、21世紀資本主義の繁栄は永遠だという臆断を容赦なく打ち砕いた。同時にアメリカのイラク撤兵が、軍事部門をアメリカ国家に依存した〈帝国〉の脆弱性を暴露する。アメリカによる対テロ戦争の挫折は、21世紀世界が〈帝国〉の主権によるグローバル秩序ではなく、世界内戦の無秩序と暴力の混沌《こんとん》であることを明らかにした。

ネグリ／ハートのマルチチュード概念は多義的で、難民や移民労働者、女性や性的マイノリティなど「新しい社会運動」が主体化した社会集団も含むにしろ、アクセントは新資本主義の非物質的労働者や生政治的労働者に置かれている。たとえばCAや看護師のような感情労働者、CEなどコンピュータ関連技術者、ジャーナリストやデザイナーやコピーライターのような象徴労働者などなど。マルクス主義革命論で特権化されてきた産業労働者（工場などの現場労働者）に代わって、これらの新型労働者が『〈帝国〉』では21世紀的な社会変革主体とされた。

マルチチュードかコモナーか

ネグリ／ハートが〈2011〉を論じた『叛逆』（NHKブックス、2013年）によれば、2011年の大衆蜂起の主体は非物質的労働者を中心としたマルチチュードでなく、共民（コモナー）である。タハリール広場を占拠した大衆やイギリス都市暴動の群衆を、『〈帝国〉』の論理でマルチチュードと呼ぶことに躊躇があったのかもしれない。

新自由主義とグローバリズムの必然的帰結である新しい貧困や構造的な経済危機が、いうまでもなく〈2011〉の背景にはある。この事実とマルチチュード論の不整合を自覚したネグリ／ハートは、新たにコモナーなる主体概念を立ちあげたのではないか。『叛逆』によれば、「共民《コモナー》の仕事は、貧者が自給自足できるように田畑や河川へのアクセスを提供することだけではなく、アイディアからイメージ、コード、音楽、情報までの自由な交換のための手段を創出することでもある」。

しかし以上のような記述は、共有地《コモンズ》の記憶に由来するコモナーと、非物質的労働の〈共＝コモン〉性から生じるマルチチュードを、無方法的に二重化しているのではないか。自由（リバティでなくフリーダムとしての自由〉をめぐる〈1968〉の歴史的実践から、ネグリ／ハートも〈共〉や〈共的な富＝コモンウエルス〉というアイディアを得たはずだ。プレモダンの〈共〉とポストモダンの〈共〉を空中で強引に接着するのでなく、問題を〈1968〉という叛乱の歴史的地層の上に正確に据え直さなければならない。

9・11や対テロ戦争という予期しない新事態を組みこもうと、原著刊行が2004年の『マルチチュード』や2009年の『コモンウェルス』（NHKブックス、2012年）でネグリ／ハートは、〈帝国〉論の手直しを試みた。また21世紀的な非物質的労働者と貧者を〈共〉的生産のグローバルなネットワークという観点から結びあわせることで、マルチチュード理論の深化にも努めている。としても世界内戦の激化とグローバルな混沌の到来、あるいは21世紀資本主義に構造化された危機と新たな貧困の可視化によって、〝〈帝国〉に対抗するマルチチュード〟という論理は空転しはじめたようだ。

『叛逆』として刊行されたネグリ／ハートの〈2011〉論には、触発的な指摘が少なくない。〈2011〉のリアリティを具体的に捉えようとすればするほど、『〈帝国〉』の主張から離れざるをえないという逆説が目立つにしても。

『叛逆』のネグリ／ハートによれば、アラブ世界からヨーロッパを経由して北米にいたる〈2

11〉の諸運動には3つの共通点がある。第一は「泊まり込みや占拠という戦略」だ。サミットからサミットへと渡り歩いた反グローバリズム運動と違って、〈2011〉の大衆蜂起は「ローカルでナショナルな社会的諸問題に深く根ざしている」。

第二は「運動が特定のリーダーをもつのを拒絶していること」。運動は自生的かつ水平的に組織され、「昆虫の群がりのように拡大していった」。「昆虫の群がり」という修辞に注意しよう。フランス語に翻訳してしまえば、蜂起も叛乱もレヴォルトで同じ言葉だが、ネグリ／ハートは「叛乱」を「昆虫の群がり＝蜂が起きる」現象に重ねてイメージしている。

第三は〈共〉を求めている点。「これらの闘争は、新自由主義の不正に、また究極的には私有財産〔＝私的所有〕の支配に抗議しているという意味で、〈共〉を求める闘いなのである」。ただしネグリ／ハートは、「二〇一一年に始まる闘争のサイクルのなかに伝統的な社会主義運動はほとんどみられない」と指摘する。さらに「伝統的な左翼の政治思想家やオルガナイザーのなかには、二〇一一年の闘争のサイクルが気にくわない者もいれば、それに警戒心を抱いている者さえいる」とも。大衆蜂起に乗り遅れたばかりか、理念的自己保身から〈2011〉に敵対し続ける左翼は、日本と同様に欧米でも目立つようだ。これに『叛逆』の著者たちは、「左翼の教会を焼き払え！」と容赦がない。

以上の3点を、21世紀的に更新された民主主義をめぐる闘争と要約しても、『叛逆』の著者たちの意向には反しないだろう。ちなみにネグリ／ハートは『マルチチュード』で、〈帝国〉の時代の民主主義について主題的に論じている。

「ドブネズミ」と反グローバリズム

〈1968〉の終息後に「新しい社会運動」の、続いて反グローバリズム運動のステージに入ったのは日本の場合も変わらない。ただし日本は、欧米がスタグフレーションと構造不況に悩まされた1970年代と80年代に、史上類を見ない経済的繁栄を謳歌していた。「失われた20年」に先行する、「（繁栄を）与えられた20年」の結果として街頭政治や対抗政治は消滅寸前まで弱体化し、この国は世界的にも稀《まれ》な「デモのない国」になる。

日本では「新しい社会運動」から緑の党が生まれ社会民主主義政党と連立を組むことも、シアトルやジェノヴァのような反グローバリズムの大衆蜂起が生じることもないままに事態は推移した。旧西側先進諸国のなかでも、日本の「新しい社会運動」や反グローバリズム運動は大衆的基礎が弱体だった。たとえばネグリ／ハートは『コモンウェルス』（上巻）で、アラン・

バディウによるマルチチュード批判を引用している。

これまで見てきたものはすべて、陳腐な小ブルジョア的大衆運動のレパートリーからのありきたりのパフォーマンスでしかありません。何もせずに楽しむための権利を大騒ぎして求める一方で、いかなる規律も回避するために細心の注意を払っているのです。

バディウによるマルチチュード批判は、野間さんの「デモや抗議行動が奇異な格好で反社会的行動を好んでとるようなはみだし者の集まりになるとそれは同好の士の集いにすぎなくなり、ひいてはデモそれ自体が目的化してしまう」という「ドブネズミ」批判に通じる。日本では〈1968〉後の社会運動が低調だったぶん、矮小性《わいしょう》や消極面が目立ったのかもしれない。

野間さんは「『ドブネズミ』（これ自体が日陰者を示す形容であり、マイノリティを表象している）の発展形が果たしてマルチチュードなのかといえば、それには大きな疑問を抱かざるをえない」という。しかし「ドブネズミ」は反グローバリズム運動の日本版だった。とすれば「ドブネズミ」こそが、日本的に零落したマルチチュードではないだろうか。

ここには奇妙なねじれがある。「ドブネズミ」とは運動史的に切断されたあざらしのほうが、構成員の職業や社会階層という点でマルチチュード的だからだ。30代と40代を主力としたあざらしのほとんどが成熟した社会人、専門的な職業人で、デザイナーや編集者や音楽関係者など新資本主義の非物質的労働者が多いような印象がある。

「『だめ連』にしろ『素人の乱』にしろ、その名称には『取るに足らない』『我々は何者でもない』ということを示す単語が入っており、もちろんそれは一種の皮肉なのであって、そのことで逆説的に自分たちのアイデンティティを主張しているのである。これはやはりアイデンティティ・ポリティクスの一種だ」と野間さんは語る。

「新しい社会運動」以降の「だめ連」や「素人の乱」の活動家で大勢を占めたのは、あざらしのような中年の職業人というより、学生的な生活習慣を大学から離れても続けるタイプの無業者や非正規労働者だった。その思想傾向は、理論的というより気分的なアナキズムだろうか。

とはいえ「ドブネズミ」の運動を、グローバル資本主義と新自由主義社会の最底辺に堆積した貧困層の解放運動として捉えるのには無理がある。たとえば「プレカリアート」を合言葉にしたロスジェネ世代の反貧困運動は、アンダークラスの当事者に喰いこめないまま終息していった。

「ドブネズミ」が反グローバリズム運動の日本版だとしても、反貧困や反ＴＰＰなどに活動が求心化しないという特異性は無視できない。野間さんがいうところの「はみ出し者の祝祭」「アイデンティティ・ポリティクスの一種」「日陰者」の居場所探しなどが「ドブネズミ」の運動には目立った。もちろん欧米の反グローバリズム運動の場合も、「何もせずに楽しむための権利を大騒ぎして求める一方で、いかなる規律も回避する」ような欠陥が指摘されたわけで、これを日本の運動にのみ固有の矮小性や皮相性とはいえないだろうが。

いずれにしても2011年の国際的な大衆蜂起が、社会運動のそれ以前と以降を鋭利なメスで切断した。シアトル暴動以来の活動家で、アナキスト文化人類学者のデヴィッド・グレーバーがOWSにも熱心に参加したように、アメリカではかなりの程度まで反グローバリズム運動と〈2011〉は人的に連続している。イタリアやスペインの場合も同じだろう。しかし日本では2012年の首相官邸前抗議行動の時点ですでに、社会運動の2011年以前と以降には人的な非連続性が目についた。「レイシストをしばき隊は、かつてのドブネズミと3・11以降の運動をつなぐ最後の結節点だったのかもしれない」と野間さんは述懐しているが、こうした接点も反安倍闘争の過程で急速に失われていく。

ボリシェヴィズムの「国民」観

〈2011〉以前と以降の切断をめぐる日本の社会運動に特徴的な点として、「国民」をめぐる運動内の亀裂がある。「社会運動の現場や左派アカデミアでは（略）、外国籍住民を除外する排除の言葉」として否定されてきた「国民」が、2015年夏の戦争法案反対闘争の過程で、新たな意味を帯びて再浮上してきたと野間さんはいう。

SEALDsの「国民なめんな」は、政府（state）に向けて国民（nation）が「言うことを聞け」と訴えかけるスローガンであり、国家に明確に対峙する主体としての国民というものが、数十年ぶりに明白な形となって立ち現れたことを示しているのではないか。これは「言うこと聞かせる番だ俺たちが」というスローガンと対になっている。

〈2011〉以前の社会運動で「国民」という主体概念が拒否されたのには、外国人差別をめぐる問題だけに尽くされない背景がある。たとえば「鉄鎖以外に失うものを持たない」プロレタリアートは「祖国も持たない」、というのがマルクス主義の原則的認識だ。第一次大戦の開戦に際し、自国政府の戦争政策に賛成した各国の社会民主主義政党をレーニンは、プロレタリア国際主義の立場を裏切った「背教者」「社会排外主義者」（社会主義を装う排外主義者）と激しく攻撃した。いまだにボリシェヴィズムを信奉する左翼セクトだけではない。基本は無党派で反セクトの傾向が主流である「ドブネズミ」を含め、日本の社会運動は今日もマルクス主義やレーニン主義の影響を無自覚的に残している場合が多い。

期待したドイツ革命の敗北の結果、ボリシェヴィズムは植民地・従属国の解放運動に期待せざるをえない場所に追いつめられた。植民地・従属国では革命の第一段階の目標が民族独立と主権国家の樹立だから、当然にも「国民」は肯定的に評価される。ただしボリシェヴィズムの「国民」は、今日では中国共産党の「中華民族」に典型的な、党によって教育され指導され、あるいは管理され支配された「一枚岩」の集団で、近代的な国民（ネーション）の固形性や硬直性をグロテスクなまでに極限化したものだ。

日本共産党が「国民」という語を用いるのは、単に常識的な政治用語だからではない。対米従属国の戦後日本では、アジアやアフリカの植民地・従属国と同様に「国民」が民族民主革命の主体になる。この綱領的立場は1950年代前半の反米武装闘争時代から、議会主義的にソフト化した60年代以降まで変わらない。たとえば21世紀の今日でも、民主主義革命を実現する主体は「労働者、勤労市民、農漁民、中小企業家、知識人、女性、青年、学生など、独立、民主主義、平和、生活向上を求めるすべての人びとを結集した統一戦線」(2004年綱領)とされている。共産党の「国民」観は、「一枚岩」のボリシェヴィキ的なそれを原理的に否定しえないまま、1950年代後半に成立した戦後革新勢力のそれ(たとえば安保阻止国民会議の「国民」)に呑みこまれ、今日では近代的な「国民」の方向に漂流している。

共産党の対米従属論と民族民主革命の綱領を否定し、日本帝国主義の復活・自立と社会主義革命を主張した安保ブントが、新左翼の原点に位置する。新左翼がプロレタリア国際主義を教条化し「国民」を排撃してきたのも当然のことだ。「外国籍住民を除外する排除の言葉」として「国民」を否定する「運動の現場やアカデミア」とは、「新しい社会運動」や反グローバリズム運動に流れこんだ文化左翼(ポストコロニアル・スタディーズやカルチュラル・スタディーズの学者など)の類だろう。日本の文化左翼は〈1968〉以降もボリシェヴィズムとの思想的闘争を微温的に回避し、硬直した20世紀的左翼性を自堕落に延命させてきた。プロレタリア国際主義による新左翼の「国民」否定は、反差別論で上書きされながら今日も命脈を保っている。

〈2011〉以前の市民運動に見られたコスモポリタニズム的「理想」と、ボリシェヴィズムに由来するプロレタリア国際主義の双方から「国民」は嫌悪され、あるいは拒絶されてきた。〈2011〉以前の社会運動がSEALDsの「国民なめんな」に、いわば脊髄反射的な拒否反応を示したのも必然的だったろう。

リキッドとしてのピープル／ソリッドとしてのネーション

問題は「国民」の中身だ。日本国憲法で主権者とされている「国民」は、英文ではピープルで、民族とも訳されるネーションとは異なる（ただしピープルも民族を意味する場合がある。たとえばフランス語で民族自決権は droit des peuples à disposer d'eux-mêmes）。では、ピープルとは何者なのか。ピープル（フランス語ではプープル）の主権が明記された最初の憲法は、1793年に制定されたジャコバン憲法だ。この憲法は、フランス市民（シトワイヤン）の総体がピープルであると規定している。個々のシトワイヤンがフランス規模で政治的共同体を形成したとき、ピープルが誕生する。

それ以前には立憲王政の1791年憲法が存在した。しかし91年憲法と、王政廃止後の93年憲法は断絶している。91年憲法が改正されて93年憲法が成立したわけではない。ピープルを主権者とする憲法は、いわば虚無から創造されたのだ。国民公会で採択された93年憲法草案は、次に人民投票で賛否を問われることになる。有権者は約700万で賛成票は185万、反対票は1万。これを全フランス市民の共通意志とするには心許《こころもと》ない数字だが、185万の賛成票で世界初のピープル主権憲法は成立した。

先行する1791年憲法の部分的な補正ではなく、91年憲法が定める立法議会で採択されたのでもない93年憲法は、無前提に生じたところの憲法制定権力によって定められたという解釈が一般的だ。憲法に規定されていない、法的に正当化されてもいないない権力が新たな憲法を制定する。しかし憲法制定権力は、憲法学が論理の辻褄《つじつま》を合わせるために召喚したフィクションではない。憲法制定権力とは恣意的に否定できない創造的で実体的な力を意味する。それは荒れ狂う巨大な自然力にも類比されたところの、1789年7月14日のバスティーユ攻撃によって革命を開始し、92年8月10日のチュイルリ宮占拠によって91年憲法体制を打ち倒した民衆の超絶的な力、革命過程を主導した大衆蜂起の圧倒的な力である。

人民投票の賛成票の数が憲法の正当性を保障するのではない。蜂起したシトワイヤンが憲法を創造することでピープルになる。あるいはシトワイヤンが政治的共同体を形成することでピープルになり、おのれを主権者とする憲法を制定する。いずれにしても虚無から憲法を創出したのは大衆蜂起であり、大衆蜂起の自己組織化の究極がピープルを主権者とする憲法秩序=共和国の樹立だった。

しかし1793年憲法は短命に終わる。ロベスピエール派追放のクーデタが勃発し、テルミドール派の主導のもと1795年（共和暦3年）憲法が成立した。95年憲法による総裁政府もまたブリュメール18日のクーデタで打倒され、ナポレオンを第一統領とする1799年（共和暦8年）憲法の制定にいたる。99年憲法の帰結は、1804年のナポレオン皇帝即位と第一帝政の成立だった。

フランス大革命の政治過程が物語っているのは、クーデタもまた新たな憲法体制を形成するという事実だ。ブリュメール18日のような軍事クーデタの場合は、クーデタ指導者とそれに超法規的に従った軍隊の力が憲法制定権力の役割を代行した。大衆蜂起やクーデタ以外に、戦争もまた例外状態を現出させる。例外状態とは憲法体制の停止を意味するが、それは新たな憲法制定権力が発動される法秩序と法秩序の境界領域でもある。たとえばフランス第三共和政の1875年憲法は、第二次大戦初期の対独戦の敗北によって実効性を失い破棄された。ただしヴィシー政権は正式な憲法は制定していない。時間を遡れば、75年憲法それ自体が普仏戦争の敗北による例外状態を前提に成立している。

クーデタによって確立された憲法体制、ナポレオン皇帝に率いられたフランス国家の支柱は、もちろんシトワイヤンの自己組織化としてのピープルではない。フランス革命が絶対王政から継承した主権国家に対応する存在、ようするにネーションである。征服戦争に明け暮れた第一帝政期のフランスで、ナショナリズムが沸騰したのは必然的だった。

国民国家（ネーションステート）の国民としてのネーションは、フランス共和国が自己規定するように原理的には無色透明で、フランス国家はフランス憲法を承認する国民の政治的共同体にすぎない。ただし実際は言語・文化・伝統を共有する中心的な共同体が少数派、たとえばブルトン語、バスク語、コルシカ語などの文化共同体を従属的に統合していた。「一にして不可分の共和国」という理念が強制力を発揮すれば、ピープルはネーションに変質せざるをえない。

こうした色合いはフランスの隣国ドイツではさらに濃厚で、ネーションは言語や文化や慣習や伝統など、究極的には神話と歴史によって複雑に染められていた。それを脱色する意図で提起されたのが、たとえばハーバーマスの憲法愛国主義である。

日本語の「国民」はネーションの訳語であり、同時に天皇の臣民を意味する言葉として人工的に作られた。加えてドイツ以上に言語・文化・伝統の共同体と不可分な語感がある。ピープルを人民、ネーションを国民と訳し分けても、日本語の「国民」の含意は充分に掬《すく》いとれそうにない。しかも「人民」は、翻訳語としての抽象性がいまだに拭われていない。

分子的な無数の主体（シトワイヤン）がブラウン運動を続けながら、創発的に自己組織化し、やがてピープルを実現する。無数の微粒子としての主体は「何者でもない私」でもある。ピープルという創発的なシステムに、決定論的で機械論的なシステムであるネーションが対立する。ネーションを構成するのは、その国籍を有し国家に権利を保障される者、ようするに「何者かである私」だ。ピープルが流体《リキッド》的な分子運動の産物だとしたら、ネーションはステートという鋳型のなかで凝固した均質な固形物《ソリッド》にすぎない。

二つの民主主義

1793年のジャコバン憲法には人民主権が明記された。また憲法の起草委員会は93年版「人間と市民の権利の宣言」も発している。ブルボン朝のフランス国家を全体として引き継いだ共和国は、人民主権論によって主権者を君主からピープルに置き換えたことになる。しかし君主が主権者であれば表面化しない難問が、ピープルの主権国家には必然的に生じてしまう。君主の意志は明瞭だが、いついかなる場合でもピープルの意志が輪郭鮮明とは限らないからだ。

大衆蜂起として実現される路上の民主主義が憲法制定権力を立ちあげるとしても、それが万人の共通意志であることは事後的にしか確認できない。必要に応じてピープルの意志を確定しうるシステムが、代表制として要請されるゆえんだ。
もっとも簡潔な民主主義の定義は、「統治する者と統治される者の同一性＝自己権力」である。この点で民主主義は、蜂起したシトワイヤンがピープルに自己形成する運動過程にのみ内在する。その完成として憲法制定権力が発動され、憲法秩序が確立される。憲法に則って、民主主義が代表制による多数決の意志決定システムに制度化されると、「統治する者と統治される者の同一性＝自己権力」は形骸化しはじめる。ピープルはネーションに変質し、民主主義の理念と制度は必然的に乖離《かいり》していく。

民主主義の理念と制度の分裂が破滅的な極限に達しないように、代表する者（議員）による討議の重要性や少数意見の尊重、さらには代表される者（有権者）による議会外での意思表明などの必要性が力説される。なかでも最大の歯止めは立憲主義だろう。国家権力が国民の、統治者が被統治者の権利を侵害しないように、憲法によって前者の意志と行動は拘束される。

解釈改憲と戦争法制の強行をめぐり、昨年は民主主義と立憲主義の関係があちこちで論じられた。仮に、内閣法制局が集団的自衛権の行使は憲法違反だと判定したとしよう。しかし、数人の官僚の見解が国民の代表である議会の決定に優先するのは、民主主義に反するのではないか。

この例では議会が民主主義を、内閣法制局が立憲主義を体現している。しかし民主主義と立憲主義の対立は擬制にすぎない。ここで真に対立しているのは、二つの民主主義なのだ。かつて憲法制定権力にまで自己組織化した路上の直接民主主義（危機の民主主義）が、時を隔て議会の代表制民主主義（平時の民主主義）と対立する。立憲主義が意味するところは、危機の民主主義が平時の民主主義に、路上の直接民主主義が議会の代表制民主主義に優越するという原則である。

丸山眞男による「永久革命としての民主主義」という言葉は、民主主義の理念と制度の分裂を是正しつづける過程に終点はないという認識を語っているにすぎない。本来の意味での「革命」は、両者の分裂が極大化し制度としての民主主義が崩壊する瞬間に突発する。老朽化した憲法秩序を破砕し、新たな憲法制定権力を創出するだろう大衆蜂起が生起する。1793年憲法には抵抗権が含まれていた。この憲法にもとづいた国家権力がピープルの権利を蹂躙《じゅうりん》するようなら、権力への抵抗は合法的である。革命権が記された憲法では、ピープル抑圧的な国家権力を打倒する大衆蜂起と叛乱もまた正当化される。

民主主義が二面的であるように、憲法秩序のもとでなされる大衆的な街頭行動もまた両義的だ。デモは一方で、丸山眞男的な「永久革命としての民主主義」の一手段である。代表制が民意から乖離した場合に、それを是正するためになされる院外行動以上でも以下でもなく、ようするに議会制民主主義の補完物にすぎない。代表制が順調に機能していれば、デモの必要などないというわけだ。

しかしデモには別の一面がある。どんなに小規模で地域的なデモであろうと、そこには虚無から憲法秩序を創出した大衆蜂起と憲法制定権力の記憶が深々と埋めこまれている。国家権力がデモを規制し管理しようとするのは、表現の自由と公共の福祉を両立させるためではない。それが見えすいた口実にすぎないことを、デモの参加者なら誰でも知っている。代表し統治する者たちのシステム、ようするに国家権力は、おのれを生誕せしめた力を心底から恐怖しているる。だから大衆蜂起の想像的な反復であるデモを、必死で封じこめようとするのだ。

日本語として定着した「国民」に翻訳語の不自然感が拭えない「人民」を対置しても、欧化知識人としての虚栄が満たされるだけだろう。さらにいえば、この種の自己満足を疑おうとしないところに、第二次大戦前から今日にいたる日本のリベラルや左翼の根本的な限界がある。日本語の「国民」には、明治憲法的な天皇の臣民から戦後憲法的なピープルとネーションまで、さらにボリシェヴィキ化された「一枚岩」のネーションから戦時天皇制（日本ファシズム）の排外主義的共同体までもが意味的に同居している。であるなら「国民」という言葉を、これらもろもろの意味が他を駆逐しようと激しくせめぎあう、死活の闘争の場として捉えるべきではないか。GHQによる憲法草案の「the people」を「国民」と翻訳した日本政府は、「国民」とは「all nationals／あらゆる国籍の人びと」を意味すると注釈している。GHQ側に追及された松本烝治や佐藤達夫による苦し紛れの言い逃れだったとしても、憲法草案の作成過程で日本政府代表がこのように言明した歴史的事実は残っている。

日本国憲法の主体である「国民」が「日本国籍の所有者」ではなく、日本列島に居住する「あらゆる国籍の人びと」を意味するなら、在日外国人もまた「国民」である。台湾や朝鮮など旧植民地出身者の市民権を剝奪した、1950年の差別的な国籍法は憲法違反といわざるをえない。

ピープルを「人民」に訳し変えるのではなく、「国民」という言葉を「国家に従属する臣民」から「自由な諸個人の集合」に、具体的な状況に即して読み替えていくこと。こうした持続的な努力なしに、この国でピープルは実質化されえないだろう。

SEALDsの「国民なめんな」の「国民」は、それが大衆蜂起の想像的な回帰であるデモの現場で発せられた点からも、ピープル以外のなにものでもない。他方、「サッカーの国際試合で熱狂して日の丸を振る多くの普通の国民」は、ナショナリズムの高揚を共有している。際限なく均質化し凝縮される点からも、熱狂的に日本チームを応援する観客がネーションの側に位置することは疑いない。

ナショナリズムには野間さんがナショナル・プライドを例として語ったような肯定性と、侵略戦争や植民地支配さえ正当化しかねない否定性とがある。いや、ナショナル・プライドそれ自体にも二面性が刻まれているのではないか。第二次大戦後のアメリカは政治、経済、軍事、文化、その他もろもろの点で競争者を圧倒するパワーを誇った。アメリカ人のナショナル・プライドもまた世界最高だったろう。共産主義の脅威から世界を防衛するのは崇高な義務だというナショナル・プライドゆえに、アメリカはヴェトナムを侵略し、チリのアジェンデ政権をCIAのクーデタ工作で崩壊させ、その他もろもろの悪行と愚行の山を築いてきた。このようにナショナル・プライドが戦争や侵略行為を支える場合もある。とはいえ政府を和平交渉と撤兵にまで追いこんだのも、アメリカ人のナショナル・プライド（憂国心）に発するヴェトナム反戦運動だった。

ＳＥＡＬＤｓは、少なくともその一部は、野間さんがいうように「『国民』という言葉をそのままなんの抵抗もなく使った」のではなく、むしろ意識的に語ったのではないか。「国民」という言葉が、差別主義者や排外主義者に簒奪《さんだつ》されようとしているいま、ピープルがそれを奪還するためには、ネーションの肯定面を最大限まで活性化しなければならないという戦略的な意識性である。

世界内戦と〈2011〉の到来は、民主主義と主権国家の近代的な結合システムが耐用年限に達したことを暗示している。ピープルやネーションの概念は、近代的な憲法学や政治学の枠から離れてあてどなく漂流しはじめた。SEALDsの「国民なめんな」にも、このような21世紀の時代性が反映されているに違いない。

（2016年2月1日掲載）

第６章　レイシストをしばき隊のこと

野間易通

デモでも抗議でもない

2016年の2月9日で、レイシストをしばき隊の初出動から丸3年となる。

極寒の新大久保の路地裏で、日が暮れて真っ暗になってもひたすらレイシストを待ち構えて路地裏に佇《たたず》んでいたあの日からすれば、大阪でヘイトスピーチ抑止条例が成立し、川崎や札幌では「カウンター」やアンチファシストといった枠組みを超えて地域を挙げてのヘイトスピーチ反対運動が起き、ヘイトスピーチ解消法が国会を通過した2016年の現在は、隔世の感がある。しかし当時から、そうした未来を想定してあの場に立っていたのかといえば、まったくもってそうではなかった。

レイシストをしばき隊もまた、「雲の人」（第2章参照）式の運動であった。初日に集まったのは50人、その数は1週間後には100人を超えた。しかしこれは名簿に登録された人数であって、すなわちレイシストをしばき隊は官邸前デモなどとは違い完全なメンバーシップ制を持つ組織であったが、にもかかわらず同時に霧散する雲のような運動でもあった。行動のあとに打ち上げ的な懇親の場は設定されず、ただ在特会が新大久保でデモをやる数時間前に集まり、終われればそれぞれが勝手に帰っていく。全員の本名と連絡先を把握しているのは私一人しかおらず、メンバー同士でも誰が「しばき隊」なのか実際のところよくわからないという状態のまま、7か月後に解散する。

私自身も、「しばき隊」だった人の顔や名前を全員覚えているわけではなく、当時の名簿を参照しなければ、誰が誰かいまだによくわからない。知らない人間同士がある目的のために名簿に登録し、現場に集合して目的を終えればそのまま解散するあの感じは、社会運動というより日雇い派遣のようなもので、私はさながら手配師と現場監督を兼ねた存在であった。しかも集めた人間に報酬を一銭も払わない悪徳業者である。

いま「広義のしばき隊」として想定される反レイシズム運動の参加者たちのイメージは、差別デモに対して路上から口汚く罵ったり中指を立てたりして大騒ぎする人々というものだろうが（実際にはそれ以外にビラを配ったりロビイングしたり平和で地道なことをする人がたくさんいる）、本物の、すなわち「狭義のしばき隊」はまったくのステルス的な存在で、表に出ることはほとんどなかった。2013年2月の新大久保において、行動するしばき隊を発見することはそれなりに難しかったはずである。なぜなら、通行人や観光客に溶けこむように振る舞うことが求められていたからだ。また、正式に公表された写真もわずか5枚しかない。

しばき隊の最初の行動から8日遅れで木野寿紀がプラカードによる抗議活動を始め、それが現在の路上のカウンタープロテストの基礎をなす運動となるのだが、これはレイシストをしばき隊とはまったく別個に生まれたものだった。レイシストをしばき隊の募集が行われたのは1月30日で、最初の行動まで10日ほどあった。木野は当初応募してきてメンバーになったが、プラカードで抗議しようと言いだしたので、最初の行動の前にクビになったのである。募集要項にも「カウンターデモでも抗議行動でもないのでプラカードを持ち込むな」と書いてある。いま自分で読んでびっくりしているが、デモでも抗議でもないなら、それはいったいなんだったのか。

レイシストをしばき隊の実際の行動は、次のようなものであった。

まず、50人ないし100人がAから始まるアルファベットで数個の班に分けられる。初日はEまで、翌週にはGぐらいまであったような気がする。これらの班は、政治的な傾向や音楽的な傾向の似た人たち同士でだいたい分かれていて、自然にハードコア・チームとか右翼チームとかオタク・チームとかができるが、私が全然知らない人も多数いたので、その場合は適当に割り振られる。顔合わせをして打ち合わせをしたのは最初の1回だけで、あとはすべてメーリング・リスト上で打ち合わせが行われ、当日朝に班分けが発表されるのだ。

各班はそれぞれ、新大久保駅から通称イケメン通りまでのあいだの路地の入口と出口に待機する。大久保通りと職安通りから韓流街エリアへの進入路は一つ残らず固めていたと思う。あまりたむろして110番されても困るので、適当に散らばって素知らぬ顔をして佇んでいるのである。さらに、イケメン通りのなかには遊撃班が数人歩き回っている。各班には一人連絡係がいて、トランシーバーで常に私や他の班の連絡係と通信している。このトランシーバーは、首都圏反原発連合が金曜の官邸前で使っているものを無理やりタダで借りてくるのである。

遊撃班には、デモを追走する担当も置かれていた。地味なジャンパーにジーンズという格好をした人にカバンをたすき掛けにしてもらい、マスクをつけてトランシーバーをもたせればニセ公安の完成である。イヤホンは公安っぽく耳の後ろにコードをひっかけるようにして装着する。このニセ公安が、本物の警察に紛れてデモ隊の真横から各班の連絡係にリアルタイムでデモの進行状況や解散地での集会の状況をリポートしてくるのである。警察官同士は横の連絡がまるでないので、目つきの悪い人間がイヤホンをつけてうろうろしていれば別の署の警官だと思いこむようである。

新宿・若松町の公民館で全体ミーティングをした最初の1回以外は、イケメン通り入口のドン・キホーテの駐車場に連絡係が集合してトランシーバーを受け取り、それ以外の人間はあらかじめネットで配布された班分け表と配置マップを見て直接持ち場に集合する。警察もしばき隊を探しまわってうろうろしているので、気づかれにくいようにお互いに挨拶なども控えてもらった。こうやって万全の態勢を整えていったい何をしているのかといえば、ただひたすらレイシストを「待って」いるだけなのだ。いまの派手なカウンター行動とはかけ離れた極限まで地味な行動で、たしかにカウンターデモでも抗議行動でもないのであった。

待つとはいっても、しばき隊が配置につくのはヘイトデモの終了より少し前の時刻である。「デモは徹底的にスルーする」というのが、当時の方針だった。なぜかといえば、それ以前のカウンターでは、デモに直接抗議することによってトラブルが発生し、それが彼らを勢いづかせるという事態が頻発していたからである。罵声によってヘイトスピーチをかき消すだとか、座りこみでデモを停滞させるとか、いまでは当たり前のように行われている直接抗議行動など、当時は夢のまた夢という状態であった。だからしばき隊は、デモ後に彼らが「お散歩」と称し徒党を組んで行うイケメン通り商店街への嫌がらせを止めることのみに目的を絞りこんだのだ。逆に言えば、それぐらいしかできることはないと考えていた。

レイシストをしばき隊以前の対抗行動

現在の反レイシズム運動やカウンター行動のスタイルがレイシストをしばき隊から始まったのは間違いないと思うが、レイシスト・デモへのカウンター自体は２００９年からあった。沿道からのプラカードや横断幕による抗議、カウンターデモ、場合によっては先方の横断幕を奪って破るといったダイレクト・アクションまで、その方法も多彩であった。罵声を浴びせたり中指を立てたりということもあったと思う。最大の違いは、デモに直接対峙する人数である。

関西では２００９年に労組を中心とした排外主義への対抗組織ACAN KANSAIがつくられ、集会や対抗デモを行って数百人を動員することがあったが、関東にはそうした大規模な組織は生まれなかった。在特会的なものへの対抗組織としてはフリーター労組まわりの人々がつくったヘイトスピーチに反対する会（以下、ヘ会）があったが、カウンター行動への動員は最大で20〜30人だったと思う。行動内容は、デモの沿道のある特定の地点で対抗街宣を行うというものので、その内容に乗れなかった私は参加したことはなかった。

ヘ会のメンバーであるなしにかかわらず、デモに直接対抗行動を行うのは1人から数人の少人数のことが多く、たいていの場合は「反日左翼がデモを妨害して言論の自由を侵害している」という彼らのプロパガンダのネタにされるだけで、カウンターは完全に逆効果といった雰囲気だった。さらには、警察は在特会のデモに抗議する人間をもれなく極左セクト扱いしていたので、警察のカウンターへの風当たりはいまよりもずっと強かったのだ。だから暴力など振るっていないにもかかわらずカウンター側ばかりが逮捕されたり拘束されたりする一方で、デモはますます盛りあがって調子に乗るという悪循環が生まれていた。

当時カウンター行動を始めた人たちは、レイシストやファシストに果敢に対抗する海外のANTIFAの映像を見て、いつかこういうふうにレイシストを街中で取り囲んだりできればいいなーなどと夢想してはいたが、それが近未来に実現するとはとうてい思えず、とにかく何をどうすればよいのかまったく打つ手が見えてこないなかで途方に暮れるばかりであった。

ヘ会の主張は、在特会のヘイトスピーチをあくまで「日帝」のアジア植民地支配の現在進行形と捉えており、対抗街宣の内容もそうしたものが中心で、理屈としては完全に浮世離れしていた。尖閣《せんかく》諸島は中国のものだと言ったり、日の丸にバッテンをつけてみたりと、いかにもレイシストの言う戯画化された「反日左翼」そのままの行動が多かったので、賛同して戦列に加わる人々はごく少数であろうと思えたし、これではレイシストを利するだけだと私は考えていた。ヘ会のステートメントには、いつも深刻な調子で何やらポストコロニアル理論のできそこないのような理屈が長々と並べられていたが、そのこと自体、いまから考えればずいぶんと独りよがりで不真面目だったように思える。

２０１０年末、へ会と行動をともにしていた在日の青年が主権回復を目指す会の渋谷デモで道路に飛び出して横断幕を掲げ、デモ隊ともみ合いになった末に逮捕された。これもデモへの暴力による妨害として大宣伝されたが、実際には青年のほうはなんら暴行を加えてはおらずまったく正当かつ当然の抗議行動をしたにすぎなかった（彼は目撃者やビデオを検証した支援者の証言によって、不起訴となっている）。

その在日青年の救援会は常野雄次郎や藤崎剛人といったへ会のメンバーが中心となって組織されたが、支援者に対して暴言を吐いたり横柄な態度を取ったり、あげくにネットで誹謗《ひぼう》中傷したりとその振る舞いは最悪で、私自身はこのときキッパリとへ会を見捨てたと記憶している。かといって、自分で抗議行動やデモを組織した経験はなく、またそんなことが自分にできるとも思っていなかったので、私個人としては完全に八方塞がりのような気持ちになった。

そうこうしているうちに、唐突に３・11がやってくるのである。

Kぽペンによるカウンター

大地震と福島の原発事故以降、私は反原発運動に没頭することになる。TwitNoNukes という団体のコアスタッフとなり、毎月のように渋谷で反原発デモを主催し、2012年からは反原連のメンバーとして活動したため、パブリック・イメージはすっかり「反原発運動家」「デモの人」になってしまった。とはいっても、第2章で書いたように反原発運動において私はあくまで手伝いとサポートのスタッフにすぎず、いまでも自分のことを反原発運動家とは思っていない。結局私がみずから積極的に取り組んできた社会運動は、いまにいたるまで反ヘイトのシングル・イシューではないかと思う。

とはいえ東日本大震災と原発事故のインパクトはあまりにも大きく、正直2011年から2012年初頭にかけては、ヘイトデモのことは小さな問題のように思えていたのも確かだ。実際、2010年をピークに在特会とその周りの「行動する保守」の活動は衰えを見せはじめていた。一つには、2009年の京都の朝鮮学校襲撃と翌年の徳島県教組襲撃事件で関係者が逮捕され刑事裁判で有罪となり、さらに民事訴訟での賠償金をめぐる金銭トラブルがきっかけで在特会と主権回復を目指す会のあいだの人間関係に亀裂が入り、排外主義運動全体がやや弱体化しはじめていたことがある。主権回復の西村修平にいたっては、事故直後からはっきりと原発廃止を唱えはじめたため、陣営としては「味方」になってしまった。

また、在特会や排害社（維新政党・新風の金友隆幸が新たに立ちあげたヘイト専門団体）は救う会がオーガナイズした拉致被害者奪還デモでヘイトスピーチをやらかしたために、救う会やチャンネル桜からも忌避されるようになっていた。「行動する保守」運動の話題といえば、女性と金銭をめぐる日護会の内輪揉めと、彼らがたまに反原発デモにやってきて行う妨害活動程度のもので、正直このまま勝手に衰退していくのではないかと思っていたほどである。

ところが2012年の8月、韓国の李明博《イミョンバク》大統領（当時）が竹島に上陸したことによって、新大久保韓流街では在特会ほかによる大人数での「お散歩」が繰り返されるようになった。それをネットで横目で見ていたものの、ちょうどその時期反原連の金曜官邸前抗議に何万人もの人が毎週のように集まっており、メンバーが首相と面会するのどうのでてんてこ舞いしていた時期でもあったので、私としてはまったくそちらに意識が向かわなかったのだ。その深刻さに気づいたのは、年が明けた2013年の1月12日である。

笹塚にあるおいしいカレー屋で遅い昼食をとったあと、水道道路でながらスマホしてツイッターを見ていると、やたらと桜井誠と在特会への罵倒が目に飛びこんでくる。

@Doronpa01 おっさん。お前人間として恥ずかしくないの？
@Doronpa01 隣国のちかしい人間にそんなことやるなんてばかじゃないの？
@Doronpa01 おっさんにわそーやってメガホンとかもってギャーギャーする考えしかねーの？
@Doronpa01 そこで働いてる韓国人は関係ないだろーが。ふざけんな。人種差別してんぢゃねーよ。お前何歳だよ。
（※@Doronpa01は桜井誠のツイッター・アカウント）

どうも在特会がまた新大久保で何かやっているらしい。よく見ると、桜井を罵倒しているのはKぽペン[*1]（K－POPファン）の若い女性たちが大半であった。

いますぐにでも現場に向かいたいという気持ちになったが、しかしデモはもう終わっているようだ。しかたなく私はツイッターにこう書きこんだ。

「在特狩り行きたいな」

するとその夜、知らない人からこんな返信があった。

「明日も新大久保で在特のデモが予定されているとのことです。もし何かされるのであれば必ず駆け付けます。一人で行動を起こす勇気がなく申し訳ありません」

これが、レイシストをしばき隊の始まりである。

逮捕禁止！

2月9日の話に戻る。

1月30日にネットに「レイシストをしばき隊　隊員募集」という告知を出した直後から応募が殺到し、1週間後にはその数は50人を超えた。なかには弁護士もいた。初回は若松河田駅前の公民館に部屋を借りて、とりあえずの顔合わせと班分け、それともっとも重要なこととして「何をやるか」「どうやってやるか」のレクチャーをした。その際に、その弁護士に法的なガイダンスをしてもらうことにした。

それが、神原元である。このときの様子は彼の著書『ヘイト・スピーチに抗する人びと』（新日本出版社、2014年）にも詳しいが、とにかくキモは「お散歩」がターゲットであること、そして絶対に非暴力であることだった。レイシストを目の前にしても絶対に殴ってはいけないが挑発しまくるのはＯＫ、その結果むしろ殴られてそのまま刑事事件に持ちこむというのが公式の方針となった。大声も禁止。なぜなら「お散歩」を止める理屈として「往来で大声で騒ぐな」を使うので、こちらは静かにドスのきいた声で相手を煽る必要があった。

しばき隊の初回の行動の様子を映像で見ると、この方針は概《おおむ》ね守られているが、ご存じの通り、それはほどなくうやむやになってしまう。怒りをストレートに表現することに問題がないと判断を下すまでに、ひと月以上の時間と様子見が必要だった。

法的ガイダンスとしては、レイシストと直接的に対面したときに完全に道をふさぐと往来妨害罪を適用される可能性があること、多少の揉み合いは問題ないがとくに警官に対して両手を前に出すと危険であること、レイシストと商店のあいだに割って入って盾になること自体に法的な問題はなさそうだが、警察は必ずこちら側を狙ってくるのでその場合はすぐに移動して別角度から再度試みるということなど、かなり細かいシミュレーションのもとに対処法が提示された。

絶対の禁止事項としては、「逮捕されてはいけない」ということがあった。「逮捕されないように気をつけて」ではなく「逮捕されるの禁止」である。レイシストをしばき隊と既存のカウンター行動の方針の最大の違いはここだろう。これまでカウンター側が逮捕されることは多々あったが、そのほとんど全部がいわゆる不当逮捕であった。警察はレイシストにわざわざ抗議にやってくる人間を左翼と見なすので、犯罪を犯していなくても逮捕したり拘束したりすることに躊躇がない。つまりこうした場における逮捕はほぼすべて不当な弾圧であり警察側に非があるのだが、しかし世間はそう見ないのである。だからこそ、それまで在特会はカウンター側の逮捕を最大の宣伝材料にしてきたのであり、また世間もそれによってレイシストへの共感を深めるという悪循環が生じていた。なので絶対にその宣伝材料を与えてはならず、あえて「逮捕されるの禁止」を最優先事項として掲げることにした。

警察が不当なことをやってきた場合はまず逃げろ、ヘラヘラとその場を切り抜けろ、警察の向こう側にいるレイシストから目をそらすな、ということである。しかも彼らに殴らせて権力そのものである警察に被害届を出し裁判に持ちこむことまで想定されている。こんなことをへ会の会議で言ったら権力への迎合として糾弾の対象になっていただろう。

我々の想定としては、イケメン通りに押し入ってくるレイシストを警察が護衛しているので、その双方と嫌がらせされる商店の隙間にいかに無理なく割りこむかというのが課題となった。何もかもがすべてうまく行けばもしかしたら商店街への侵入を防げる可能性もあるが、まあ無理だろうと思っていた。

しかし結果としては、警察は予想をはるかに超えるいい動きをした。50人で職安通りを行進してくるレイシスト集団と我々のあいだに割って入って規制線を張り、双方を身動きが取れない状態にしたのである。その様子は、2月9日の映像に記録されている通りだ。結果として、レイシストをしばき隊は1回目の行動で暴徒の商店街への侵入を阻止することに成功し、以後彼らは現在にいたるまで、新大久保で「お散歩」をすることができていない。このとき初めて我々は「馬鹿と警察は使いよう」という古いことわざの意味を噛《か》み締めたのであった。

当時在特会とその関連団体は、1月12日のK－POPファンによる「炎上」への報復として、執拗に新大久保に出かけると宣言していた。なので2月は9日と翌10日、そして翌週の17日と3回も集中してデモが行われた。しばき隊はそのいずれに対しても9日と同様の行動を取ったが、10日以降は9日とは違い、ただじっと路地に佇んで待ちぼうけを食らうことになった。なぜなら、9日の衝突の様子を見た警察は、デモ解散後にデモ隊が新大久保方面に戻らないように厳しく「指導」したからである。いまではヘイトデモは解散後に機動隊に護衛されて駅まで「集団下校」させられているが、その萌芽はすでにこのときに生じていたのだ。

それまで何が腹立たしかったかといえば、薄汚いレイシストたちがデモでさんざんひどいヘイトスピーチをばら撒き「お散歩」と称して暴力的な嫌がらせをやりつくしたあとに、近所の居酒屋で打ち上げをしてその和気藹々《あいあい》とした飲み会の様子をいちいちニコ生で中継することであった。まさに娯楽としてのヘイト。これは、デモそれ自体よりも許しがたいことだった。

なので私は、彼らに打ち上げ「禁止」を通告した。

レイシストをしばき隊、本日のターゲットは瀬戸弘幸、有門大輔、荒巻丈およびNPO外国人犯罪追放運動の関係者。おまえらは新宿・大久保近辺での打ち上げ／飲み会も禁止。電車に乗るのを確認するまで追尾するので、デモ終わったらとっとと帰って屁こいて寝るように。以上、業務連絡。

この2月17日からは、ステルスに活動するしばき隊以外に、先述の通称「プラカ隊」による、沿道でのプラカードによる抗議が始まった。何をやっているか表から見えないしばき隊と違って、こちらはいわば公然部隊であり、マスコミの取材もすべてプラカ隊が引き受けた。しばき隊は、職安通りのガード下にたむろしている写真5枚だけを発表し、取材はすべて断っていた。もっとも、当時現場に来たり取材のオファーをしてきたりしたのは、見事に韓国の大手メディアのみで、日本の新聞社やTV局は影も形もなかった。

（２０１６年2月29日掲載）

＊１　Ｋぽペンは「Ｋ－ＰＯＰファン」のハングル表記「Ｋ팝팬」をそのままカナにしたもの。ここに引用したツイートは http://togetter.com/li/438082 からの抜粋である。

第7章　大衆蜂起と結社

笠井　潔

「雲」と「氷」

レイシストをしばき隊の実像が第6章で、当事者の野間易通さんによって具体的に語られている。なかでも「レイシストをしばき隊もまた、『雲の人』式の運動であった」という不可解な言葉に興味を惹《ひ》かれた。第3章で検討した大衆蜂起の主体と「何者でもない私」をめぐる主題の延長として、この謎について今回は考えてみたい。

未組織の大群衆による首相官邸前の路上占拠が、どこからともなく湧きだしてきて、行動が終わると散っていく「『雲の人』式の運動」だったことは疑いない。さらに野間さんは、同様にしばき隊も「『雲の人』式の運動」なのだと、常識的には理解困難であることを語る。

いま「広義のしばき隊」として想定される反レイシズム運動の参加者たちのイメージは、差別デモに対して路上から口汚く罵ったり中指を立てたりして大騒ぎする人々というものだろうが（略）、本物の、すなわち「狭義のしばき隊」はまったくのステルス的な存在で、表に出ることはほとんどなかった。

「広義のしばき隊」なら、「『雲の人』式の運動」といえそうな一面もある。レイシストの街頭行動があれば、どこからともなく出現してカウンター集団を形成し、抗議行動が終わるとばらばらに散っていく人々を、流れる「雲」にたとえても不自然ではないからだ。もちろんカウンターの行動集団にも組織性はあるが、その一方で「雲」の微粒子のように浮動する参加者も数多く存在した。

では、「広義のしばき隊」と「本物の、すなわち『狭義のしばき隊』」は、どのような点で異なっていたのだろう。「レイシストをしばき隊は官邸前デモなどとは違い完全なメンバーシップ制を持つ組織であった」。会員を狭く限定し会員の行動を拘束する誓約的な集団は、その場でのカウンター参加者を含めた「雲」のような人々の対極に位置する。両者ともに「霧散する雲のような運動」だという野間さんの言葉を、どのように理解すればいいのか。

その目的や規約などを承認した諸個人からなる会員制の団体では、会員は多かれ少なかれ横につながっている。目的に親睦を含むような団体なら当然だし、共同利害の防衛や貫徹のために結成される組織、たとえば労働組合の場合も同じことだ。こうした恒常的で固定的な共同性を「雲」にたとえるわけにはいかない。

首相官邸前や国会前を埋めつくした「雲」としての群衆は、換言すれば〝水蒸気（気体）〟である（厳密には、雲は水蒸気と水の微粒子の混合だが）。政党や労働組合など、構成員が固定された恒常的な組織は〝氷（固体）〟だ。居住区や工場や兵舎を単位とする、蜂起した大衆の自己組織化としての〈評議会〉は水蒸気と氷の中間的な性格で、いわば〝水（液体）〟である。参加者の出入りが自由で拘束性が希薄な、組織というより運動体である点で、無定形な蜂起群衆と〈評議会〉的集団には共通点がある。それも当然だろう、気体と液体はいずれも流体なのだから。

組織として〝氷〟的なレイシストをしばき隊は、どのようにして〝水蒸気〟的に運動しえたのか。全員参加の会合がもたれたのは初回だけで、「行動のあとに打ち上げ的な懇親の場は設定されず、ただ在特会が新大久保でデモをやる数時間前に集まり、終わればそれぞれが勝手に帰っていく」のが、しばき隊の行動様式だったという。

どこからともなく現れて臨時の集団をなし、行動が終わると消えていく行動様式や、「メンバー同士でも誰が『しばき隊』なのか実際のところよくわからない」という会員相互の匿名性や横のつながりの希薄性などの点で、性格として〝氷〟的なのに、しばき隊の運動には〝水蒸気〟的な性格も見られる。

しかも意志統一は行動面のテクニカルな問題に限られ、反レイシズムの理論や行動の位置づけを共有するために時間が費やされた様子はない。しばき隊の隊員には、労働者や学生というような階層性は認められないし、反レイシズムの具体的行動をめぐる意志の共有以外に、思想的立場やイデオロギー的な統一性も見られない。雑多な人々の雑多な集団という点で、しばき隊には官邸前デモに集まった群衆と共通の性格がある。こうした点から野間さんは、しばき隊もまた「『雲の人』式の運動」だと語ったのだろうか。

シングル・イシュー

本来のしばき隊は、在特会などのレイシストがデモのあと「『お散歩』と称し徒党を組んで行うイケメン通り商店街への嫌がらせを止めることのみに目的を絞りこんだ」非公然的な性格の集団、いわば「ステルス的な存在」で、「表に出ることはほとんどなかった」。

社会運動にかかわる組織は、政党や労働組合や平和団体から課題別の実行委員会や行動委員会まで多様である。目的で分類すれば政党などはマルチ・イシュー、課題別の実行委員会はシングル・イシューになる。しばき隊も反レイシズムというシングル・イシューの集団だが、それ以前から活動していた反レイシズム団体と異質なのは、レイシストによるイケメン通り商店街への嫌がらせを実効的に阻止するという、ぎりぎりまで狭められた行動に目的を限定した点にある。

反レイシズム団体もシングル・イシューの大衆組織だ。他の反レイシズム団体であれば、路上でのカウンター行動に加えて自前の屋外集会やデモや街頭宣伝、団体内での勉強会や公開の講演会や討論会、その他もろもろの活動を企画するだろう。しかし、しばき隊は班ごとに分かれ、新大久保の路地の入口と出口を固めるだけだ。そしてレイシストによる「お散歩」を、「義務」として逮捕の危険を注意深く回避しながら、実力をもって実効的に阻止する。

課題がシングルであることに加え行動までがシングルだという点で、しばき隊のような集団は日本の社会運動の歴史でも類例が少ない。わたしが経験した範囲で少し似ているかもしれないのが、アメリカ軍による北ヴェトナム爆撃の全面化に抗議した非暴力反戦行動委員会だ。これは鶴見俊輔や栗原幸夫などのイニシアチブで結成された非公然的な集団で、行動を呼びかける次のような文面のビラもひそかに配布された。

（北ヴェトナムの首都ハノイの爆撃などが――引用者註）ニュースとして、新聞・ラジオ・テレビでつたえられたら、それをきいた日の午後二時に、溜池（クリーニング店白洋舎前）にあつまりましょう。（略）それから、隊伍をくまずに、ばらばらにアメリカ大使館（基地使用の場合には国会）にむかって歩き、警官におしとどめられたら、そこですわりましょう。

ハノイ爆撃などアメリカがヴェトナム戦争を本格的に拡大した直後に、逮捕を辞さずアメリカ大使館前（爆撃機が日本の基地を利用した場合は国会前）に座りこむという行動の一点に目的が限定された集団という点で、１９６６年の非暴力反戦行動委員会と２０１３年のレイシストをしばき隊には共通点がある。

非暴力反戦行動委員会のメンバーの多くはべ平連の関係者で、のちのＪＡＴＥＣ（Japan Technical Committee to Aid Anti War GIs／反戦脱走米兵援助日本技術委員会）とべ平連にも同じことがいえる。非暴力反戦行動委員会とべ平連の二重性は、レイシストをしばき隊とカウンター群衆（広義のしばき隊）や官邸前群衆の二重性に、おそらく照応している。

ブランキの「四季協会」

さらに歴史を遡れば、しばき隊のような行動集団の祖型ともいえる存在に行きあたるだろう。武装蜂起の秘密結社として知られる、オーギュスト・ブランキの四季協会である。ブランキズムにかんして、ローザ・ルクセンブルクは次のように語った。

ブランキズムは、労働者大衆の直接的階級行動を考慮におかず、従ってまた、それは大衆組織を必要としない。（略）それゆえ、この一定の任務（ごく少数者による革命的奇襲攻撃——引用者註）を託された人びとを人民大衆から鋭く分離することが、彼らの任務達成のために、まず要求された。しかし、そうした行動が、可能であり、実行されえたのは、ブランキスト的組織の陰謀的活動と人民大衆の日常生活とのあいだに、まったく何一つ内的連関が存在しなかったためである。（「ロシア社会民主党の組織問題」／『ローザ・ルクセンブルク選集　第1巻』所収、現代思潮新社、２０１３年）

このような観点からルクセンブルクは、レーニンの組織論はブランキズムに影響されていると批判した。その一方で、「労働者大衆の直接的階級行動」として大衆蜂起の破壊力を肯定するルクセンブルク自身が、ベルンシュタインからブランキストだと非難されていた。

産業資本主義の発達と議会制民主主義の確立によって、民衆から孤立した少数者の軍事的奇襲攻撃と革命的独裁の樹立というブランキの革命プランは歴史的に失効したと、マルクスとエンゲルスは主張している。こうした観点をルクセンブルク本人はもちろん、ルクセンブルクを批判したベルンシュタインもルクセンブルクに批判されたレーニンも、一応は共有していたといえる。にもかかわらずマルクス主義の陣営では、ブランキズムの理解や位置づけをめぐる皮相な混乱が繰り返されてきた。

21世紀の今日、ブランキの〈結社〉について考えようとするなら、マルクス本人をはじめ歴代のマルクス主義者による歪んだブランキ観のもろもろを、さっさと掃きだしてしまわなければならない。ルクセンブルクの批判に反してブランキズムとボリシェヴィズムは無関係だし、ブランキの〈結社〉とレーニンの〈党派〉は性格として対立的である。

ボリシェヴィズムの〈党派〉は労働組合などの大衆団体に浸透し、その指導権をひそかに掌握し、団体を支配して裏から操作しようとする。あるいは、そのためのフラクション活動を組織活動の根幹に据えている。しかし、ブランキの〈結社〉はフラクション活動の類とは無縁だ。〈結社〉は原理として、日常的な大衆運動に関心を持たない。

ブランキの〈結社〉にとって、「少数者による革命的奇襲攻撃」という目的さえ本質的ではない。歴史的条件が異なれば、それとは違う行動が目的となるだろう。とするとブランキの〈結社〉の結社性は、いったいどこに見いだされるのか。

しばき隊との共通性

7月王政期にブランキがパリの地下深く組織した四季協会では、次のような入会式が行われていたという。目隠しされて入会式の場に招かれた会員候補者に、「王政と王についてどう考えるか」など綱領的な質問が儀礼的になされる。候補者が定められた言葉で答え終わると、最後に「財産の犠牲、自由の喪失、あるいは死に敢然と立ち向かう決意はあるか」と問われる。短剣を掌《てのひら》に置かれた候補者は、次のように誓わなければならない。「もしも私が誓いを破るなら、裏切者として死をもって罰せられ、この短剣で突き刺されんことを」。

入会が認められた候補者に、「市民、きみの名前はわれわれの間では口にされない。これが隊におけるきみの番号である。きみは武器弾薬を用意しなければならない。協会を指導する委員会は、われわれが武装蜂起するときまで姿を現さないであろう」という指示が下される。

武装蜂起の秘密結社という点に、ブランキの〈結社〉の固有性があるわけではない。ネチャーエフの斧《おの》の会やボリシェヴィキ党から孫文の興中会や中華革命党にいたるまで、洋の東西を問わず武装蜂起と権力奪取を目的にした、あるいは目的に含んだ組織は無数に存在してきた。

四季協会の独創性は、未来に予定された武装蜂起の一点に目的が絞りこまれた点にある。啓蒙や宣伝煽動《せんどう》などにも熱心だったレーニンの党や孫文の党は、武装蜂起という行動の一点に求心するブランキの〈結社〉と比較して性格的に不純、あるいは曖昧といわざるをえない。

ルクセンブルクが指摘したように、月王政期にパリ社会の底辺で活動していたもろもろの大衆運動や社会運動と四季協会は、たしかに無関係だった。単に無関係なのではなく、両者の関係はブランキの特異な組織思想によって意志的に切断されていた。

指導部が会員の日常活動を指導することはないし、会員が大衆団体に潜入してヘゲモニーを獲得しようとすることもない。王政打倒などの綱領的認識が入会時に確認されるだけで、会員たちが認識の深化や豊富化のために集まって討論することも、武装蜂起をめぐる情勢判断を共有することもない。

会員からすれば、入会以降は指導部からなんの音沙汰もないということになる。わたしが若い時分のことだが、長崎浩の「ブランキスト百年」（『結社と技術』所収、情況出版、1971年）で四季協会のことを読み、どうにも納得できない思いにかられた。何年ものあいだ、会員としての意志統一や会としての組織活動は皆無なのだ。それでも首領の命令一下、秘密結社の会員たちは武器弾薬を携えて結集地点に向かうものだろうか。

四季協会の武装蜂起は1839年5月12日で、指示された地点に集結した蜂起者は約500人だった。あとから述べるように会員数は1000人ほどだから、脱落者は約半数という計算になる。

ルイ＝フィリップの王政に着地した7月革命から最長で9年ものあいだ、革命的共和政樹立のために待機しつづけてきた人々なのだ。加えてバリケード戦での死をまぬがれたとしても、蜂起が失敗すれば処刑か長期投獄は必至という決死の行動である。決意の鈍った脱落者が多数を占めても不思議ではない。

こうした点を考慮すれば、脱落者が半分というのは驚嘆に値する歩留まりではないか。1週間でも放置しておくと組織が蒸発して消えてしまいかねないという強迫観念から、毎日のように各級会議を開いて空疎な意志統一を重ねていた学生活動家は、ブランキの〈結社〉の想像を超える硬度に感銘を受けた。個人加盟制の団体は性格として〝氷〟的だが、ブランキの〈結社〉は氷も氷、絶対零度で瞬間的に凍結した特製の氷である。

ヴィクトル・ユゴーの『レ・ミゼラブル』に登場する蜂起の秘密結社「ABCの友」は、もともとは貧しい労働者に読み書きを教える学生のボランティア団体だった。この種の社会的・経済的なアソシアシオンは、7月王政下にも第二帝政下にも無数に存在したろう。

四季協会の会員の多くは、こうした団体でそれぞれ社会運動に参加していたのかもしれない。プルードン主義的なコルポラシオンで労働者の相互扶助運動を進める者、関の酒場でルイ＝フィリップを揶揄するシャンソンの音頭を取る者、ボヘミアンとしてカフェにたむろし反体制的な陰謀を企む者、などなど。それぞれの持ち場でそれぞれに活動をしていたに違いない会員たちだが、肝要なのはそれが四季協会とは無関係な個人的行動としてなされていた点だ。

特定の行動という一点に目標を絞りこんで、他の一切を排除するところにブランキ型の〈結社〉の特異性がある。これは近代的な政治運動や社会運動の団体としては異例、むしろ異形である。レイシストをしばき隊の特異な組織思想は、ブランキの〈結社〉と時代を超えて響きあうところがあるように感じられる。

3・11後の〈結社〉

「私自身も、『しばき隊』だった人の顔や名前を全員覚えているわけではなく、当時の名簿を参照しなければ、誰が誰かいまだによくわからない。知らない人間同士がある目的のために名簿に登録し、現場に集合して目的を終えればそのまま解散するあの感じは、社会運動というより日雇い派遣のようなもので、私はさながら手配師と現場監督を兼ねた存在であった」と野間さんは回想している。

四季協会の会員に横のつながりはない。わずかでも人格的な接触があるのは基礎単位の「週」に属する7人のみで、しかも実名は互いに秘匿している。「週」を統率する「日曜日」だけが他の「週」の「日曜日」3人を知っている。4つの「週」で「月」が構成される。さらに「季節」「年」と組織が積みあげられる。パリには3つの「年」が存在し、ブランキ、バルベス、マルタン＝ベルナールの3人がそれぞれを統括していた。ここから四季協会の会員数を推定できる。

蜂起の指示を発したブランキは、指揮杖代わりに銃身に赤い布を付けた拳銃を携えて結集地点に現れ、警視庁と市庁舎への攻撃を現場で指揮したという。ブランキもまた「手配師と現場監督」を兼ねていた。

四季協会の武装蜂起は7月革命（1830年）と2月革命（1848年）の谷間の時期に行われている。「ブランキスト的組織の陰謀的活動と人民大衆の日常生活とのあいだに」は「まったく何一つ内的連関が存在しなかった」というルクセンブルクの批判は妥当だろうか。

7月王政の打倒に始まる1848年の激動の時期に、ブランキは中央共和協会という政治的アソシアシオンを立ちあげた。この局面では秘密結社の陰謀家ではなく大衆政治家として登場し、情勢の意味するところや進むべき方向を明確な言葉で民衆に語りかけている。たしかに四季協会は「人民大衆の日常生活」と意図的に切断されていたが、ブランキ自身は「労働者大衆の直接的階級行動」すなわち爆発的な大衆蜂起の破壊力を誰よりも確信していた。大衆の革命的自然発生性を信頼したルクセンブルクは、この点でブランキの信念を継承している。

破壊的な自然現象に類比されるような大規模蜂起は、もちろん永続するものではない。それは前ぶれもなく不意に襲来し、平和な日常に馴《な》れ親しんだ人々を動転させる。民衆の蜂起で復古王政を倒した7月革命は、ルイ＝フィリップを担ぎだした金融ブルジョワジーに簒奪された。この帰結を承認できないボナパルト派や共和派のあいだで、7月王政の打倒をめざす非合法組織が無数に形成されていく。四季協会もその一例に違いないが、いったん去った大衆蜂起の記憶を特殊な形式で封じこめようとした点に、他に類例のないブランキの〈結社〉の独自性がある。

先に紹介した四季協会の入会式は、フリーメーソンの入会式を模したものといわれる。1793年憲法を社会的に実現するため、テルミドール派の総裁政府の転覆を計画したバブーフは、陰謀が露見して処刑された。バブーフの同志ブオナロッティは、イタリア人でフリーメーソンの会員だった。ブオナロッティと親交があったブランキの〈結社〉に、フリーメーソンを通じて古代や中世や、さらに未開社会にまで遡りうる秘密結社の伝統が流れこんでいても不思議ではない。

成人式を代表例とする未開社会の通過儀礼《イニシエーション》の参加者には、刺青《いれずみ》からナゴール（バンジージャンプの起源）まで、死の恐怖を実感させる試練がさまざまに課せられる。宗教学者のミルチャ・エリアーデによれば、これは死と再生の儀礼である。通過儀礼とは「古い私」の死と「新たな私」への再生を、象徴的に体験させるシステムなのだ。

「古い私」とは世俗的な私、いわば「何者かである私」にほかならない。参加者は世俗的な絆《きずな》を断ち切って「何者でもない私」に変容する。

未開社会には年齢集団よりも狭く限定されたもろもろの結社が存在し、なかには秘密結社もある。未開社会の宗教的秘密結社は、古代ギリシャのディオニュソス教団やピュタゴラス教団、中世の聖堂騎士団などの秘儀結社に引き継がれた。薔薇《ばら》十字団やフリーメーソンも、こうした流れを汲《く》んでいる。

四季協会の入会式もまた、来るべき武装蜂起という一点に自己拘束した「新たな私」、世俗的には「何者でもない私」への変容を促す秘儀だった。大衆蜂起の主体である「何者でもない私」は、個人的な誓約という過程を踏むことなく一挙かつ大量に出現し、政治的群衆として路上に充満する。

政治的群衆の大津波が去って危機の時間が日常の時間に置き換えられても、なお大衆蜂起の政治意志を保持しつづけようとするときブランキの〈結社〉が誕生する。それは大衆蜂起の「何者でもない私」を、いわば冷凍保存するための装置なのだ。大衆蜂起の「何者でもない私」が〝熱い集団〟を自然発生させるとすれば、〈結社〉のそれは意志して〝冷たい集団〟に凝固する。

このように考えるとき、ルクセンブルクによるブランキ批判の一面性が明らかになる。ブランキは「労働者大衆の直接的階級行動」の高揚が失われた時期に、その精髄を〈結社〉に封じることで保存しようと努めた。「ブランキスト的組織の陰謀的活動と人民大衆の日常生活とのあいだに、まったく何一つ内的連関が存在しな」いように見えるのは、間歇《かんけつ》的に社会を襲う「人民大衆の〝非〟日常」的な爆発とのあいだに、ブランキの〈結社〉が「内的連関」を持続しようと決意したからだ。

大衆蜂起の時代と平時とに時間を分割し、それぞれに〝熱い集団〟と〝冷たい集団〟を割り振る必要はない。重要なのは「雲の人」の二重の存在様式なのだ。街路を埋める蜂起群衆と、特定の行動という一点に自己拘束する禁欲的な〈結社〉のいずれもが、「何者でもない私」を集団性の本質としている。

ブランキの〈結社〉が秘密結社だったのは、国家権力の弾圧を回避するためといった外在的な理由からではない。新大久保に出動したしばき隊が「適当に散らばって素知らぬ顔をして佇んで」いたように、少数の「何者でもない私」は多数の「何者かである私」のあいだに匿名者として紛れこむ。「何者でもない私」の〝冷たい集団〟である〈結社〉には、群衆に紛れこんで不可視の者、匿名の者になろうとする本性がある。

「レイシストをしばき隊もまた、『雲の人』式の運動であった」という、不可解な言葉の意味は了解されたろうか。大衆蜂起と本質を共有しながら存在形態が対極的である〈結社〉は、いまも進行中である日本の〈2011〉に不可欠の要素をなしている。レイシストをしばき隊として初登場した今日の〈結社〉は、昨年の夏にどのような姿態変化をとげたのか。長崎浩の「結社と技術」によれば、蜂起は〈アジテーター〉の集団としての〈結社〉によって〈表現〉される。

このような〈アジテーター〉(大衆蜂起における政治表現の主体――引用者註)が、蜂起をともに生きることが同時に蜂起を〈創る〉ことであると意識したとき、この者の行為のうちで蜂起の力は一つの〈形〉となってあらわれる。あらゆる〈創造〉行為がそうであるように、この意識性は蜂起を〈ひきおこす〉者が自分と蜂起を〈表現〉することである。(『結社と技術』所収)

昨年の8月30日、街路を埋めた人々の頭上を国会に向けて進んでいった「雲」、無数の風船と「安倍やめろ!」の巨大バナーは、安保法制の強行に抗議する大群衆の意志の鮮烈な〈表現〉だった。

結社による〈表現〉は、大衆蜂起の現場から空間的に離れても行われうる。たとえば9月16

日、参議院平和安全法制特別委員会の横浜公聴会があった新横浜プリンスホテル前でのシットインは、国会前をはじめ全国各地で路上に溢れだした群衆の意志を形あらしめ、大衆蜂起に鋭角的な〈表現〉をもたらした。

国会前で巨大バナーを上げたのも、国会に戻る車列をシットインで阻止したのも、野間さんによればあざらしである。解散したレイシストをしばき隊のメンバーを含むあざらしは、それでは〈結社〉なのだろうか。不定型な大衆蜂起に鮮明な形を刻んでいく点で、機能としては〈結社〉的だが、しばき隊と違って会員を限定した組織ではない点で〈結社〉の定義には反するようだ。19世紀フランスの事例との比較論は、このあたりが限界かもしれない。

いずれにしても、〈結社〉の意味するところが時代的に変容しているに違いない。日本の〈2011〉が生みだした新たな組織論を、野間さんから聞いてみたいと思っている。

（2016年3月14日掲載）

第8章　人々を路上へとドライブするもの

野間易通

「しばき隊」と四季協会

ＣＲＡＣにはクラック商店という物販部門があって、オリジナルのＴシャツやパーカー、キャップなどを売って運営資金に充てている。ＣＲＡＣはこれまで寄付やカンパを募ったことは一度もなく、すべての活動がこの物販の収益によるものだ。服だけではなく、アンチレイシズムに関する本や音楽作品も扱っている。

いまは品切れになっているが、ここにＫＡＮＡＭＯＲＩというアーティストの『夜半解体 Dismantled Desire』というアナログＬＰが売られていた。ＫＡＮＡＭＯＲＩとはＤＪシャッフルマスターの別名であり、彼の実名金森達也の苗字でもある。そしてこのアイテムをリリースしているのが、彼自身のレーベル「四季協会」で、カタログ番号は October Autumn 2012 である。

ＤＪシャッフルマスターはキャリア20年を超えるベテランのテクノＤＪで、ヨーロッパでの人気も高い。このアルバムは直接的には反レイシズムをテーマにしているわけではなく、リリース年もレイシストをしばき隊以前の２０１２年である。ではなぜ、クラック商店が扱っているのか。

それは、DJシャッフルマスターがCRACの正式メンバーだからである。シャッフルマスターこと金森は、2013年の新大久保にいた。彼はしばき隊のメンバーではなかったが、2013年6月16日の新大久保ではカウンターの列の最前線にいて、桜田修成（現・新社会運動）に旗竿《はたざお》で殴られたりもしているのだ。彼は暴行によって顔面に傷を負ったが、警察の捜査は行われなかった。

私は当時金森と面識はなく、このことを彼と親しいしばき隊のメンバーを通じて知った。そのメンバーは「金森さん、在特会にめっちゃ怒ってますよ」と言う。私はあまりピンと来ていなかった。「あのシャッフルマスターが？　なぜ？」

前章で、笠井さんがレイシストをしばき隊をブランキの四季協会にたとえていて「あっ」と思った。上記の通り、金森はまさにしばき隊以前から「四季協会」を名乗って活動しており、カウンタープロテストの情報をどこかから得て現場に参集したのであった。私は四季協会というものをよく知らなかったので、恥ずかしながら笠井さんの原稿を読むまで金森のレーベル名を見てもピンと来るものがなかったのである。

来るべき革命の日を待って静かにすごし、指令が出るやいなや一斉に蜂起する。そんな四季協会とレイシストをしばき隊は似ているところがあるようにも思えるが、3・11以後の運動という面から見れば、むしろ「しばき隊」という結社の担う役割は本流ではなかった。つまりこういうことだ。金森はしばき隊メンバーではないにもかかわらず、新大久保の現場にいた。そのことこそがもっとも本質的であり、3・11以後の「雲の人」式の運動のメソッドに忠実だったとも言えるのである。

「しばき隊」はプロテストの本流ではなかった

しばき隊は2月9日の第1回の行動で、当初の目的である「お散歩」阻止を達成した。そして、3月に入ってからのヘイトデモでは、カウンターとの衝突を避けるため、解散後に警察に護衛されながら最寄り駅に集団で向かういわゆる「集団下校」が毎回実施されるようになっていた。4月に入ると、しばき隊のメンバーは、実質的に事前打ち合わせも何もなく個々に沿道からのカウンタープロテストに頭数として参加するようになる。

それでもたまに、事前に打ち合わせて計画的にフォーメーションを組むことがあった。金森が新大久保に来た6月16日はまさにそういう日で、この日のレイシストをしばき隊の動きはデモに対する沿道からのカウンターがメインではなく、やはりデモの前とデモの後の警戒行動だった。しばき隊のメンバーではなかった金森は当然このことを知らず、その行動には参加していない。しかしカウンターのメイン行動は、傍から見ても実質的にも金森が参加したほう、すなわちデモに並走しての沿道からの抗議行動だったのである。

この日のしばき隊のミッションは二つあった。一つは、主催者＝新社会運動の桜田修成をデモ前に捕獲して、デモに参加できなくさせること。集合場所の大久保公園に向かうべく歩いている横からインネンをつけて手を出させ、そのまま暴行犯として警察署に連れこむ予定だった。仮に彼がデモ許可書を持っていた場合はデモそのものができなくなるので、それを狙っていたのだ。もう一つは、デモが行われた場合彼らが解散後に東京韓国学校周辺で嫌がらせをする可能性があったので、新大久保コリアンタウンから電車でひと駅先の若松河田駅近辺に展開することだった。

結論からいえば、一つ目は失敗。しばき隊はＪＲ新宿駅、西武新宿駅、丸ノ内線新宿駅、地下鉄新宿三丁目駅、東新宿駅付近を固めたが桜田を発見することはできず、かわりに桜井誠やその他の雑魚っぽいレイシストにちょっかいを出して二人逮捕、その後デモ前の集会が行われている大久保公園内で一人逮捕されるという結果に終わった（それぞれ先方も逮捕されており、双方ともすぐに釈放されている)。こういうことになったので、私はこの日ずっと弁護士と新宿署内にいて、なんとデモへの抗議には一瞬たりとも参加していないのだった。二つ目は実行されたが、レイシストが韓国学校付近にやってくることはなかった。

実はこの日まで、レイシストをしばき隊は不特定多数に向かってカウンター行動を呼びかけてはいなかった。行動はすべて事前に計画されていたが一般に告知されることはなく、いきなり現場に現れるという方式が取られていた。一方で、ヘイトデモへの沿道からの抗議を呼びかけていたのはプラカ隊で、それは「差別反対と平和をよびかけるプラカードを掲げる意思表示をします」というものだった。多くの人は、この告知を見てカウンタープロテストに参加していたが、実際のカウンター行動はすでに、出発地の公園から解散地までまんべんなく沿道から罵声を浴びせるという、現在とほぼ同じ方式になっていた。

しばき隊が一般に向けて初めて公然とプロテストを呼びかけたのはこの2週間後の6月30日である。「6・30 大久保公園包囲」として、大規模に抗議行動を呼びかけたこの日は、２００0人以上のカウンターが新大久保に集まった。それから2か月と少したった9月8日、大久保通りでは１００人前後のプロテスターたちによる車道上での座りこみが行われ、以後現在まで在特会は大久保通りでデモを行っていない。

集合的アイデンティティというドライバ

つまりこういうことである。

レイシストをしばき隊は結社ではあったが、実際に「蜂起」に馳《は》せ参じた人々の多くは、ブランキの四季協会のような結社のメンバーではなかった。そしてこの方式は、２０１１年の素人の乱による反原発デモ、反原連による金曜官邸前抗議、それから２０１４年の秘密保護法反対国会前行動や２０１５年の安保法制反対国会前デモまでほとんど同じなのである。

集まる人々は結社には加わっていないが、しかしある一定の価値観や政治的信条を共有している。明確なリーダーはおらず、会合も行われないが、アイデアは日々交換され、全体としてその価値観や政治的信条をエンパワメントする方向に働く。言うまでもなく、これはツイッターをはじめとしたSNS上でオープンに行われているもので、「指令」もそのなかから発せられる。「指令」はシングル・イシューで、どのような内容かによって、それを発する人はその都度替わる。ビラやプラカードといった印刷物はネット上で配布され、各地のセブン－イレブンから出力される。

こうしたことが組み合わさった結果、現場にはビジュアル的にある程度の統一感を持った、明確な意志を体現する大衆がその日その時間だけ現れることになる。そして行動が終われば、雲が消え去るようにその場から消えていくのである。直近では、「保育園落ちた日本死ね！！！」というはてな匿名ダイアリーに端を発した行動が、まったく同じ仕組みで行われた。安倍晋三が国会答弁で「本当かどうかわからない」と言い、与党席から「誰が書いたんだ」という野次が飛んだ直後から、「保育園落ちたの私だ」と名乗りを上げる人がＳＮＳに次々と現れ、プラカードがコンビニのネットプリントに登録され、またたく間に国会前で数十人が抗議のスタンディングをするという事態に発展した。最初の匿名ブログを書いた人、プラカードをつくった人、スタンディングを呼びかけた人、すべてが別人で、知り合いでもなんでもなかった。

つまり、現在の社会運動においては、政党や組合や結社といった強固なつながりを持つ組織ではなく、社会問題の各イシューを通じて形成される集合的アイデンティティのようなものが動員の直接的要因となっており、「3・11後の叛乱」の多くはその形式で行われているのである。このことは何も左派／リベラル側に限ったことではなく、ネット右翼を基盤とする極右市民運動の側も同じで、在特会のようなシングル・イシュー風の具体的な名前をつけた団体に支持が集まり、フジテレビデモのようなシングル・イシューのデモに無党派の市民が大挙して参加する。それをドライブするのが、ネット上で生まれる集合的アイデンティティである。
こうした「3・11後の叛乱」における非組織的形態は、何も2011年を境に突然生まれたものではない。たとえば古いところでは、90年代末の徳島県における吉野川可動堰反対運動でも住民投票を呼びかける自発的な「プラカ隊」が登場し、プラカードを手に徳島市内各所、それぞれの思い思いの場所に立った。多くの人は、運動の母体となる「住民投票の会」には所属していなかった。また、この運動には作家やデザイナー、出版関係者、建築家らからなるフォーラム21というグループも「政治ではなく文化的課題」として参画し、「シンプルかつ美しく運動の主張を伝達」することに貢献した。彼らの運動は「体制―反体制という対立軸では吉野川の問題を格好悪くしか語れないから、格好いい―格好悪いものとして把握すべき」だという発想で進められ、「服装も、勝ち組がやっているというイメージを持ってもらうことが必要で、スーツを基本にした」という。[*1]
この運動は可動堰建設阻止というシングル・イシューから地方自治における民主化運動の様相を帯びたものにシフトし、最終的に住民投票を実施させ反対91・6％の得票によって可動堰建設を阻止することに成功した。考えてみれば、マンション建設反対から公害問題にいたるまで、住民運動というものはシングル・イシューが基本であって、そうした枠組みから必然的に導かれるのはこういう運動スタイルなのだろう。地方政治の範疇《はんちゅう》にとどまっているものの、3・11後の運動に現れたものはこの時点でほぼ揃っているといえる。2003年のイラク反戦運動や、2008年の洞爺湖《とうやこ》サミットにおけるG8反対運動なども、多かれ少なかれ似たような側面を持っていた。

なぜそれが3・11以後に国政に関して大規模に展開することになったのか。

その最大の要因は、東日本大震災と原発事故を経て、多くの人々が自分の生活の問題として国政の矛盾に直面せざるをえなくなったことだろう。東京で反原発運動に集まる多くの無党派市民は家族や子供を遠方に避難させている人も多く、また給食の放射能汚染を心配する母親・父親もたくさんいた。だから、金曜官邸前の反原発抗議に足を運んで国政への異議を唱えることは、同時にみずからの日常生活を守るための住民運動／生活運動の側面も持っていたのだ。反原発運動に関しては、「これは住民運動だ」ということを私自身もたびたび言ってきたが、そうした性質を持つ社会運動においては、問題意識を共有すること自体が集合的アイデンティティを形成するのであり、それが既存の組織が果たしてきた役割——連帯、オーガナイズ、動員を担ってきたのだと言える。

「保育園落ちたの私だ」を唱えて国会前に集まった人々は、この集合的アイデンティティを具現化するメソッドをSNSなどを通じてすでに十分に知っていた人たちであった。だからこそ、あのように迅速に行動に移すことができたのだ。3・11以後の街頭デモや国会周辺でのシングル・イシュー抗議行動を私はずっと「民主主義の練習」と言ってきたが、その5年間の「練習」の成果が着実に表れているように感じている。

パーティを続けるために

住民運動的なシングル・イシューが集合的アイデンティティを形成し、それが「組織」に代わって運動をドライブするということに加えて、「3・11後の叛乱」では既存の集合的アイデンティティもまた、大きな役割を果たした。それは、パーティである。

DJ TASAKAが昨年リリースしたアルバム『UpRight』には「BLEND iz beautiful」という曲が入っていて、MC JOEがこう歌う。

路上も俺らの DANCE FLOOR
空気が振動するチャンスを

逃すな掴めよこのRHYTHM
E.R.A.S.E. the RACISM
ずずっと踊り続けるために
やることやる　そんでPARTY
いつ何時って今がそう
目印　七色のMIRROR BALL

「BLEND iz（is）beautiful」とは２０１４年秋の反レイシズム大規模デモ、東京大行進のアフター・パーティの名前で、新宿ＢＥ－ＷＡＶＥで行われたそのパーティでは、ＤＪ ＴＡＳＡＫＡとともに冒頭で触れたＤＪシャッフルマスターもプレイした。ちなみにＴＡＳＡＫＡもまたＣＲＡＣのメンバーであり、第２章で触れたモノトーンの「不吉な雲」にぶら下がった「安倍やめろ！」バナーを上げた、黒いＴシャツたちのうちの一人であり、つい最近までソニーミユージックに所属していたミュージシャンである。

このアルバムについての詳細はライナーノートに書いたのでそちらを参照してほしいが、かいつまんで説明すると、これは彼が３・11以降に路上で出会った人々とコラボレーションしてつくったアルバムなのである。ＭＣ ＪＯＥとＴＡＳＡＫＡは20年来の友人だというが、長らく交流していなかったのが２０１３年の新大久保で偶然再会したのだという。

この「路上も俺らのDANCE FLOOR」という一節は、２００３年ごろのイラク反戦デモのサウンドカーが“Reclaim The Streets”をスローガンに路上にレイヴ・パーティを現出させようとしていたのと一見似ているように見える。しかし大きな違いは、「そんでPARTY」という部分で、これはつまり路上にレイヴの祝祭空間を直接持ちこもうということではなくて、道端でレイシストをしばいた後にいつものようにパーティをやろうという歌なのだった。しかし同時に、在特会のデモを鬼の形相で怒鳴りつけている現場もまた、ダンスフロアでありパーティなのだ。

この場合のパーティという言葉は、いわゆるクラブ・イベントを指す。ＤＪがいてダンスフロアがあってミラーボールが回っているような空間で行われるイベントのことを、音楽業界では一般に「パーティ」と言うのである。コンサートと言わないのは、その場の主体はＤＪではなくあくまで客であり、その空間は音楽を聞いて踊るだけではなくて、お酒を飲んで友達と楽しみ、知らない人と交流する場でもあるからだ。要するにそこに集まるのは金曜日や土曜日の夜、ときには日曜日の朝まで音楽を楽しむパーティ・ピープルであって、これも集合的アイデンティティの一つなのだ。3・11以後の運動において路上で出会った人、再会した人たちにはそうした背景を持つ人が多かったという実感から、「路上も俺らのDANCE FLOOR」というフレーズが生まれた。TwitNoNukesのデモではサウンドカーは禁止されていたが、それでもなおプラカードを掲げて渋谷から原宿まで歩くデモ行進自体がパーティの場であり、車道はダンスフロアだったのだ。

2003年のイラク反戦デモで出会った人の多くが音楽関係者であり、かつて私が仕事で知り合った人々だった話は第2章に書いたが、私はこうした文化的背景もまた、かつて社会運動や政治運動において「組織」が担った役割をソフトに再現しているのではないかと思う。それはある意味で、ナチス政権下のドイツでヒトラー・ユーゲントに対抗した不良ティーンエイジャーたち＝エーデルヴァイス海賊団（Edelweißpiraten）のあり方にも似ているのではないかという気もするが、年齢は倍以上違う。エーデルヴァイス海賊団はピクニックや音楽を好んで享楽的な生活をしながら、ときどきヒトラー・ユーゲントを襲撃――しばいていたのだった。

日本の3・11以後の社会運動において音楽がどのような役割を果たしてきたかについては、プリンストン大学のノリコ・マナベが400ページを超える研究書『革命はテレビではやらない――福島以降のプロテスト・ミュージック』（"The Revolution Will Not Be Televised : Protest

Music After Fukushima" - Oxford University Press, 2015）をまとめたばかりだ。ここには、2003年のイラク反戦デモから2015年のSEALDsにいたるまで、政治的なオピニオンを表明すると不利益を被る日本の音楽業界において、ミュージシャンやDJその他がどのようにプロテスト・ミュージックをつくりあげ、路上で実践してきたかということが詳細に綴られている。

それだけではなく、日本において音楽が社会運動のドライバとしていかに重要な役割を果たしたか、[*2] またそのことによって反原発のシングル・イシューから反レイシズム、反ファシズムといったさまざまなイシューにどのような広がりがもたらされたかということが明らかにされている。"The Revolution Will Not Be Televised" というタイトルは、言うまでもなくギル・スコット＝ヘロンの代表曲（1970年）から借用されたもので、その歌詞は「革命はテレビでやらないのですぐに路上に出ろ」というアジテーションである。そしてこれは、もともとは60年代にブラック・パンサーがよく使っていたスローガンだという。

2010年末から2011年初頭にかけてアラブの春が起こったとき、アルジャジーラは"THE REVOLUTION" というタイトルでタハリール広場を24時間中継しつづけた。21世紀になって、ついに革命はテレビで放送されるものになったのだと感慨深かったが、その認識は直後に起こった3・11によって脆《もろ》くも崩れ去ったと言ってよい。日本では依然として、事件も蜂起も十分にはテレビ放映されなかった。そのかわり、震災のあの日と同様にSNSを通じて人々はコミュニケーションを取りつづけ、生活への不安や音楽などの文化を通して集合的アイデンティティを獲得していったのである。

（2016年4月6日掲載）

＊1　久保田滋、樋口直人、矢部拓也、高木竜輔『再帰的近代の政治社会学　吉野川可動堰問題と民主主義の実験』（ミネルヴァ書房、2008年）

＊2　川崎市では、CRAC川崎のような新しい運動体と古くからの運動体、地域住民や地元議員が一体となって、反レイシズム運動が多くの広がりを獲得した。ここでもまた音楽が重要な役割を果たしていることは、『サイゾー』誌に連載中の磯部涼のルポ「川崎」でも詳細にリポートされている。

第9章　〈2011〉と「左翼」の終わり

笠井　潔

結社についてふたたび

スペインの〈2011〉に参加した行動的思想家アマドール・フェルナンデス＝サバテルは、エッセイ「文面的政治と文学的政治」（廣瀬純編著『資本の専制、奴隷の叛逆』所収、航思社、2016年）で、「雲の人」や「『誰でもない』クラスタ」をめぐる野間易通さんの発言と響きあうようなことを語っている。

マドリッドのプエルタ・デル・ソル広場を占拠した群衆は、「ひとびと（personas）」と称したという。「「ひとびと」という言葉は、「〔政党の〕略号やイデオロギーばかりではなく、同時に、固定的アイデンティティ（労働者や市民……）も捨て去るものであり、おかげで多数の人々を呼びとめることができた。（略）自分たちを『ひとびと』と呼ぶことで、我々はタブララサ〔白紙状態〕を設け、そこで互いを平等なものとして認めたのだった。『どこから来たかは問題じゃない、身分証明も必要じゃない、君も僕と同じだって知っているよ』と言っているようなものであった」。

訳注によれば、「『ひと』と訳したスペイン語 persona は、他のラテン系言語の同型語（例えばフランス語の personne など）で、否定の表現としての『誰でもない』を意味する場合がある」。プエルタ・デル・ソル広場の「ひとびと」もまた、「何者でもない私」の集団だった。

前章で、野間さんは次のように書いていた。「現在の社会運動においては、政党や組合や結社といった強固なつながりを持つ組織ではなく、社会問題の各イシューを通じて形成される集合的アイデンティティのようなものが動員の直接的要因となっており、『3・11後の叛乱』の多くはその形式で行われているのである」。フェルナンデス＝サバテルが語るところの「固定的アイデンティティ（労働者や市民……）」を捨て去った「ひとびと」は、野間さんの「集合的アイデンティティ」に対応している。

集まる人々は結社には加わっていないが、しかしある一定の価値観や政治的信条を共有している。明確なリーダーはおらず、会合も行われないが、アイデアは日々交換され、全体としてその価値観や政治的信条をエンパワメントする方向に働く。言うまでもなく、これはツイッターをはじめとしたSNS上でオープンに行われているもので、「指令」もそのなかから発せられる。「指令」はシングル・イシューで、どのような内容かによって、それを発する人はその都度替わる。ビラやプラカードといった印刷物はネット上で配布され、各地のセブン－イレブンから出力される。

野間さんによれば、レイシストをしばき隊のような〈結社〉は「3・11後の叛乱」の「本流」ではない。ただしブランキ的な〈結社〉も、19世紀フランス社会を幾度となく揺るがせた大衆蜂起の「本流」だったわけではない。ときとして火山の噴火のように突発する、中央権力を一瞬で吹き飛ばすような大規模蜂起が「本流」であって、それを招きよせようとしたブランキの企ては2回とも失敗した。だからといって、ブランキ的な〈結社〉が無意味だったということはできない。

蜂起の技術者集団――『夢十夜』で描かれた運慶

第7章でも指摘したように、四季協会のような〈結社〉には二つの役割があった。政治権力を打倒した大規模蜂起をめぐる、民衆的な記憶の保管庫としての役割が第一。大衆蜂起に「表現」をもたらす技術者の集団という役割が第二。

第一の役割は、あらためて説明するまでもないだろう。7月革命から2月革命までの18年間、パリ民衆は金融ブルジョワジーの利害を代表するルイ＝フィリップの王政に屈従し、沈黙を続けていた。民衆が街頭から撤収したあとも、次の大規模蜂起に備えて7月革命の記憶は保持されなければならない。この点からすれば四季協会の武装蜂起は、必要な役割を果たしたともいえる。1830年7月のバリケードと「栄光の3日間」の民衆的な記憶を、一瞬にしても忘却の淵から甦《よみがえ》らせた点で。

第二の役割にかんしては、長崎浩の『結社と技術』に収録された先駆的な結社論、ブランキ論でさまざまに論じられている。たとえば、「デモは民衆の意志を可視化する」といった言い方がしばしばなされてきた。デモや蜂起それ自体が、潜在的で不可視なものを顕在的で可視的なものに変える集合的行為だ。それを「形あらしめること」、すなわち〈表現〉と言い替えることもできる。

近代人が表現として想定するのは、常識的には次のような例だろう。たとえば木像を作る場合、あらかじめ制作者が意識している完成図を手本として材料の木を削ること。この場合の技術（テクニック）とは、表象を物質化する行為の巧みなコントロール能力だ。これはプラトン主義的な技術観ともいえるが、その完成形として自然を大規模に加工変形する近代テクノロジーがある。

しかし、ハイデガーによれば古代ギリシャの技術《テクネー》は、近代的なテクニックやテクノロジーとは根本的に異なる。古代のテクネーは近代のアートのうちに、部分的に継承されている。

ハイデガーに先行して夏目漱石は、同じようなことを小説で描いている。『夢十夜』の第六夜では、運慶の仁王を見て「よくああ無造作に鑿《のみ》を使って、思うような眉《まみえ》や鼻ができるものだな」と感心する語り手に、若い男が「なに、あれは眉や鼻を鑿で作るんじゃない。あの通りの眉や鼻が木の中に埋っているのを、鑿と槌《つち》の力で掘り出すまでだ。まるで土の中から石を掘り出すようなものだからけっして間違うはずはない」と応じる。

「明治の木にはとうてい仁王は埋っていないものだ」と語り手が悟るところで、この短い物語は終わる。ここで語られているのは、潜在的なもの（木に埋もれた仁王）を顕在化する（木から仁王を取りだす）業、不可視のものを可視化するための方法、ようするにテクネーとしての技術だ。

デモが民衆の潜在的な意志の〈表現〉であろうとするなら、『夢十夜』で描かれた運慶的な技術性が不可欠だろう。潜在的な民衆の意志を形あらしめる（表現する）集合的行為として、デモは行われるのだから。ただし党派的なデモの方向は、これと正反対である。党派的なデモは党派の意志以外のなにものも表現しない。党派的デモにも技術性はあるだろうが、それは表象の物質化としてのプラトン主義的な技術にすぎない。

バリケードの構築法から市街戦の陣形まで、ブランキは徹底して蜂起の技術性にこだわりつづけた。こうした技術性への執着を長崎は、ブランキズムの本質的な部分として注目している。「蜂起は技術だ」と語ったレーニンの技術はテクニックだが、ブランキの技術はテクネーなのだ。通説に反して、この点でもブランキとレーニンは原理的に対立する。

だからブランキの〈結社〉には、蜂起の技術者集団という性格がある。もちろん、隠された民衆の意志を、蜂起として形あらしめる（表現する）ための技術と技術者だ。四季協会の構成員の多くは、資本主義化の暴圧にさらされたギルド的手工業者の末裔《まつえい》だった。そこには建築技術者としての石工も含まれていたはずで、バリケード構築の技術に執着するブランキの思想は、四季協会に結集した職人たちの伝統的発想に根ざしていたのかもしれない。

「『保育園落ちた日本死ね！！！』というはてな匿名ダイアリーに端を発した行動」にも、集合的アイデンティティの自生的な形成が背景にあると指摘した上で、野間さんは続ける。

安倍晋三が国会答弁で「本当かどうかわからない」と言い、与党席から「誰が書いたんだ」という野次が飛んだ直後から、「保育園落ちたの私だ」と名乗りを上げる人がＳＮＳに次々と現れ、プラカードがコンビニのネットプリントに登録され、またたく間に国会前で数十人が抗議のスタンディングをするという事態に発展した。最初の匿名ブログを書いた人、プラカードをつくった人、スタンディングを呼びかけた人、すべてが別人で、知り合いでもなんでもなかった。

国会前に揃いのプラカードが並んだことで、抗議の意志はより鮮明に表現された。この例ではプラカードをデザインし、誰でもコンビニで印刷できるようにネットプリントにアップした技術者＝職人が、〈結社〉的な機能を代行している。野間さんによれば、こうした技術者＝職人も「雲の人」であって、本来のしばき隊のような結社の構成員ではない。21世紀の今日では、19世紀の結社的機能も大衆蜂起の「集合的アイデンティティ」に溶けこんでいるようだ。もともと大衆蜂起と結社は「集合的アイデンティティ」の、枝分かれした二つのスタイルだった。大衆蜂起の民衆的記憶を保存し、蜂起を形あらしめる（表現する）技術者の集団であるという結社の機能は、大衆蜂起と自覚的に切断された秘密結社という形態と、かならずしも不可分ではないのかもしれない。たとえば、あざらしのように輪郭が不鮮明な雲状の集団でも、街頭行動のプロフェッショナルとして結社的機能を担うことはできる。

「オルグ」をめぐって

ところで、国会前で野間易通さんとすれ違ったのは、昨年の8月30日が最初ではない。安保法案の衆議院強行採決を目前にした7月15日にも、憲政記念館横で偶然に顔を合わせている。そのとき野間さんに、レイシストをしばき隊で活動してきたT青年を紹介された。留学中にウォール街占拠運動に参加したというT青年には、「3・11後の叛乱」から生まれた路上の思想をいろいろと教えてもらうことになる。なかでもしばき隊やあざらしに、「オルグ」という発想が存在しないことには驚かされた。

左翼用語の「オルグ」とは、オーガナイズ（組織化）あるいはオーガナイザー（組織者）の略語である。Rを発音するのは、元が英語でなくドイツ語だからだろう。ムスケル（肉体労働）からゲバルト（暴力）まで、左翼用語にはドイツ語由来のものが多い。

革命党をはじめとする左翼組織や、その支配下にある大衆団体に一般人を加入させるための活動、あるいは活動家をオルグという。組織が方針として決定した大衆運動、たとえばストライキなどに大衆を参加させるための工作や説得なども、広い意味ではオルグになる。

閉鎖的な組織に一般人を引きこみ、勢力を際限なく拡大しようとする点で、左翼セクトとカルト宗教には共通の体質がある。これらを〈党派〉としよう。啓示宗教の一部に典型的な〈党派〉は、倒錯的な宗教観念で周囲を染めあげようとする。党派的観念が世界サイズまで膨張をとげ、全世界を一色に染めてしまうことがその最終目的だ。自然宗教にオルグは不必要だが、神の啓示は宣伝され信奉者を獲得しなければならない。

ボリシェヴィズムなどの政治的党派は、カタリ派殲滅《せんめつ》の突撃隊だったドミニコ会や反宗教改革の尖兵《せんぺい》イエズス会などの宗教的党派を模して誕生した。党派的に倒錯した思考では、目的のために手段は正当化される。だから〈党派〉のオルグは、虚偽、欺瞞、デマゴギー、妄想、陰謀論、倫理主義的恫喝《どうかつ》などを臆面もなく活用して恥じることがない。

左翼党派のオルグや勢力拡大運動と大衆蜂起には、どのような関係もない。大衆蜂起の異なる一面としての〈結社〉もまた、オルグには関心をもたない。ブランキの四季協会は組織的な勢力拡大と原理的に無縁だった。

もちろん、見どころのありそうな人物が結社員の視野に入れば、声はかけたろう。しかし声をかけること、呼びかけることはアピールにすぎず、左翼活動と切り離しがたいオルグとは質的に異なる行為だ。問題の人物が秘密結社の活動に向いていないとわかれば、それで密かな接触は終わる。説得や誘導や強制など、本来の意味でのオルグ活動につながることはない。

野間さんによれば、しばき隊やあざらしをはじめ日本の〈2011〉を支えた多くの人々は、あらかじめ「ある一定の価値観や政治的信条を共有している」。だから反戦や反差別のような「価値観や政治的信条」を作為的に「外部注入」し、組織や運動にオルグする必要はない。シングル・イシューのデモなど予定された行動を適切にアピールすれば、「雲の人」たちはひとりでに集まってくる。ブランキの結社が棲息《せいそく》していた環境も、これと似ていた。大革命以来の大衆蜂起の記憶や、千年王国の近代的形態である「民衆の共和国」の理想を共有する人々が、わざわざオルグするまでもなく膨大に存在していたのだから。

「保育園落ちた日本死ね!!!」の国会前抗議行動では、「最初の匿名ブログを書いた人、プラカードをつくった人、スタンディングを呼びかけた人、すべてが別人で、知り合いでもなんでもなかった」。このようにして形成される「集合的アイデンティティ」にも、オルグという要素は皆無である。

局面ごとにリーダーシップを発揮する者はいても、あるいは不特定多数に行動を呼びかけること、アピールすることはあっても、他人をオルグすることはない。そもそもオルグという発想をもたないことが、しばき隊やあざらしから「保育園落ちた日本死ね!!!」の国会前行動まで、「3・11後の叛乱」に共通した固有のスタイルなのだ。

第5章でも参照したように、アントニオ・ネグリは〈2011〉の「運動が特定のリーダーをもつのを拒絶し」「組織化のための水平的なメカニズムを発展させ」(『叛逆』)た点を高く評価した。野間さんがまとめた「集合的アイデンティティ」の形成と運動化のスタイルは、ネグリが注目した「組織化のための水平的なメカニズム」の日本版として捉えることができる。

オルグも「外部注入」も不要である、水平的で自立的な組織化という画期性を理解しえないまま〈2011〉の大衆蜂起に乗り遅れ、それに敵対さえした左翼をネグリは容赦なく批判した。ところでラウル・サンチェス＝セディージョは、『資本の専制、奴隷の叛逆』に収録されたインタビュー「新たな闘争サイクル」で次のように述懐している。

スペインの〈2011〉は「前もってはまったく予想し得ない出来事だったのと同時に、ぼくたちに左翼であることをついにやめさせてくれた出来事でもありました」と。また、「党や前衛を構築するというのとは異なる仕方での政治活動が模索されていたということであり、そこではアウトノミア型の前衛、労働者の自律性といったものですら退けられるべきものとされました」とも。

「アウトノミア型の前衛、労働者の自律性」という箇所は、もちろんネグリ理論やネグリ派を指している。〈2011〉の自己組織的運動の新しいスタイルに理解を示し、これを支持したネグリでさえ、運動の参加者たちからは「左翼」として拒否されたことになる。一方でガタリの分子的アナキズムに同調しながら、他方でレーニン主義の尻尾を引きずりつづけているネグリの中間主義的態度が、プエルタ・デル・ソルの群衆から忌避されたのは当然のことだ。

サンチェス＝セディージョだけではない。『資本の専制、奴隷の叛逆』に登場する行動的思想家の多くが、〈2011〉は「左翼」を終わらせたという。この問題にかんして、編著者は以下のように解説している。

この文脈において本書の論者たちが「左翼」の語で理解しているのはひとことで言えば「前衛主義」、すなわち、支配され搾取された大衆のその利害について何らかの表象を創り出し、この表象を外部から大衆に注入する（大衆の即自に外部から対自を与え大衆を自己二重化させる）ことで大衆を団結させ闘争へと動員しようとする傾向だ。（廣瀬純「解説　現代南欧政治思想への招待」）

「前衛」が描きだした「表象を外部から大衆に注入する」行為、これこそがオルグだろう。オルグすることで、おのれの真の利害や歴史的使命に目覚めた大衆を新たに組織に加え、あるいは「前衛」の指導のもと闘争に動員しようとする。しかし〈2011〉は左翼を終わらせ、左翼的な組織と運動に不可欠であるオルグを蜂起の空間から排除した。こうした事情は日本でも変わらない。

「裏切られた革命」という思考停止

エジプトの〈2011〉では、野党勢力が組織したデモや労働者のストライキも相応の役割を果たしたが、ムバラク政権を崩壊に追いこんだ主役は4月6日運動の若者たちなど、タハリール広場を埋めた大群衆だった。

ムバラク辞任の直後にエジプト軍最高評議会が全権を掌握し、憲法の停止と議会の解散を布告する。また軍が実施する選挙や、軍から新政権への権力の移譲が公正に行われるように監視する目的で、革命理事評議会が「有識者」21人で設立された。2011年11月から2012年2月にかけて実施された選挙ではムスリム同胞団系の政党が勝利し、6月の大統領選挙決選投票でムハンマド・ムルシーが大統領になる。

独裁権力と民衆の大規模蜂起が激突し、その結果として旧体制は崩壊する。憲法秩序は麻痺《まひ》し、あるいは制度的に停止され、例外状態のなかで新たな憲法秩序と政治権力の樹立が模索されはじめる。しかし革命の真の主役だった路上の群衆は、新権力の形成に向かう中央の政治過程から排除されてしまう。

ムバラク政権の崩壊直後に権力の空白を埋めたのは軍だった。それを監視するために設立されたのは、野党的な立場の著名人による新団体である。いずれも蜂起した大衆の一員ではないし、その意志を体現する者でもない。さらに1年後の選挙で勝利したのは、反ムバラク闘争の主役とは縁遠いイスラム勢力だった。

大衆蜂起で旧体制を打破した革命の主役が、新たな権力の構成過程から疎外あるいは排除されるというエジプトの〈2011〉と同じ過程が、歴史上いたるところで幾度となく繰り返されてきた。

19世紀フランスの7月革命は、大銀行家を中心とするブルジョワ勢力に支持されたルイ＝フィリップに成果をさらわれた。2月革命でルイ＝フィリップの王政が崩壊すると、その直後に政界で裏工作がなされ、既成の議会政治家やラマルティーヌなどの「有識者」によって、ブルジョワ共和派主導の臨時政府が立ち上げられた。

もちろん7月も2月も実際にバリケードで戦い、実力で旧体制を覆したのは貧民プロレタリアを主力とするパリ市民だった。しかし革命の果実は、舞台の袖から這いだしてきた著名人や有力者や政治のプロに掠《かす》めとられてしまう。

エジプト革命を最新の事例とする「裏切られた革命」の原形は、フランス大革命にある。1789年7月のバスティーユ襲撃、10月のベルサイユ行進、1792年8月のチュイルリ宮攻撃などパリ民衆の街頭蜂起の過程と、三部会や国民議会を舞台とする中央の政治過程が大革命では並行していた。前者の主役は貧民プロレタリアを先頭とするパリ市民、後者は貴族やブルジョワ出身の知識人や議会政治家が中心だった。

民衆の革命的要求は議会で法制化されなければ実現できない。情勢の変化や政治勢力の集合離散のために革命が停滞するたび、パリ民衆は蜂起して議会に圧力をかけた。ときとして第一の過程が第二の過程と接触し、火花を散らしたともいえる。しかしテルミドール派のクーデタによるロベスピエール派の失脚以降、それまで革命を推進してきた街頭蜂起の過程は政治空間から消失し、革命は終息に向かった。

民主主義と立憲主義が不可分であるのは、大衆蜂起の過程と議会内の政治過程が二重化したことの結果だ。まず、大衆蜂起として表出された民衆の意志が憲法制定権力を生みだし（第一の過程＝路上の直接民主主義）、次に、憲法制定権力による憲法に制約された政治権力が作動しはじめる（第二の過程＝議会の代表制民主主義）。立憲主義とは前者が後者に優越するという原則を意味する。

結局のところフランス革命は、路上の直接民主主義を一元的にシステム化しえないまま、先の二重過程を立憲主義として擬似的に統合したにすぎない。民主主義が主権国家と強引かつ不自然に接合されたともいえる。大衆蜂起が対立したのは絶対主義の主権国家だった。革命はブルボン朝の絶対主義権力に勝利したが、絶対主義が発明した主権国家を打破することには失敗した。

だからフランス革命は、半ば勝利し半ば敗北した革命である。いや、フランス革命として開始されたシトワイヤン／ピープルによる人類史的な革命は、1848年と1968年の世界革命を経由し、今日も〈2011〉として全世界で進行中だ。これが革命の本流であり、20世紀のボリシェヴィキ革命や社会主義国家の興廃は傍流の否定的エピソードにすぎない。

このように革命は裏切られつづけてきたが、もろもろの「裏切られた革命」論は無力といわざるをえない。裏切りを許した民衆側の弱点や限界性を自覚しえないまま、フランス大革命のテルミドール派やロシア革命のボリシェヴィキ党あるいはスターリン派による「裏切り」を糾弾するのは思考停止にすぎない。

蜂起したパリの貧民プロレタリアは、どのような理由で革命の命運を議会に、あるいは民衆の悲惨を哀れんで観念的に急進化した貴族やブルジョワ出身の議員たちに委ねたのか。革命が停滞や危機に直面しても、民衆には武装して街頭に溢れだす以外に意志表明の手段がなく、運動を持続するための組織も未形成だったからだ（ただし大革命期のパリには48の区会からなるコミューンが存在し、王政を最終的に打倒するチュイルリ宮攻撃の武装蜂起に中心的な役割をはたした）。

大衆蜂起の自己組織化

蜂起が街頭蜂起でしかないという自己限界から「裏切られた革命」は繰り返された。この限界を超えるものとして、１８７１年のパリ・コミューンを最初の一歩に、大衆蜂起は自己組織化を開始する。なんらかの要求を掲げて街頭を埋めては消えていった群衆が、地区ごとに直接民主主義的な自己権力機関（評議会）を形成するようになる。

大衆蜂起の自己組織化の第二歩は、ロシアの１９０５年革命だった。日露戦争下のロシアでは、平和とパンを要求して大衆ストライキの大津波が全土を洗った。未組織労働者は工場現場でストライキ委員会を組織し、それは工場ソヴィエトに発展していく。ソヴィエトと称された評議会は都市の居住地区や農村、あるいは兵舎でも次々と自然発生的に結成された。

1905年革命は敗北に終わるが、17年の2月革命はツァーリの帝政権力を吹き飛ばした。ロシアはソヴィエトの全国連合と臨時政府の二重権力状態に入る。軍隊や工場や居住地区では民衆のソヴィエトが、それぞれの分節ごとに権力を掌握し全面的な自治を実現している。しかし対外的にロシアを代表する中央政府は、あくまでもケレンスキーの臨時政府なのだ。

予想外の2月蜂起に動転したボリシェヴィキ党は、態勢を整えてロシア暦10月に軍事クーデタを起こし、政治権力の掌握にいたる。左翼エスエルを例外として全政党が非合法化され、こうしてボリシェヴィキ党独裁の道が拓かれた。1917年のロシア革命の過程は、アブドルファッターフ・アッ゠シーシー国軍総司令官に主導された軍事クーデタと、権威主義的な独裁政権の再登場でいったん幕を閉じたエジプト革命でも、克明に反復されている。

ただし2013年のアッ゠シーシーとは違って、1917年のレーニンは大衆蜂起それ自体を敵視し、憎悪していたわけではかならずしもない。不信は抱いていたにしても。大衆蜂起の自己組織化としてのソヴィエトが政治権力にまで「高まる」可能性を、『国家と革命』執筆時のレーニンは期待していたふしがある。ただしその場合も、ソヴィエトに潜入したボリシェヴィキ党員のフラクション活動による、大衆運動の党派的支配は少しも疑われていない。

一国に二つの権力が併存しつづけることはできない、手を拱《こまね》いていれば社会主義革命の絶好のチャンスは失われるだろう。こうした強迫観念から、ボリシェヴィキ党がソヴィエト大衆の代行者として政治権力を奪取しなければならないと、レーニンは決断する。もちろん大衆の意志がなんであるのかを決定する権利も、それを代行する権利も、レーニンとボリシェヴィキ党が自分で自分に付与したものにすぎない。

ソヴィエト民主主義を破壊するフラクション活動によってペトログラードソヴィエトを私物化したボリシェヴィキ党は、裏から軍事革命委員会を操って、臨時政府が置かれていた冬宮を制圧した。レーニンの「決断」とボリシェヴィキの党派的権力奪取が、ロシアと人類にもたらした災厄の全体像は、ソルジェニーツィンの『収容所群島』（新潮社、１９７４年）に克明に記されている。

レーニンによる１９１７年10月の決断は、無から生じたわけではない。ボリシェヴィキ党の原点ともいえる、『なにをなすべきか？』で定式化された組織論が、その前提にはあった。レーニンの確信するところでは、大衆は自然発生的には社会主義革命をめぐる目的意識を獲得しえない。それは前衛党が労働者階級に「外部注入」するしかない。政治権力を奪取する必要性や、おのれを権力の主体に「高める」意識性にしても同じことだ。

ただし『なにをなすべきか?』で想定された大衆の自然発生的闘争とは、職場での賃上げ要求などの経済主義的闘争、あるいは労働時間短縮の立法化を政府に要求する類の改良主義的政治闘争で、1905年にロシア全土を襲ったような大衆蜂起は含まれない。『なにをなすべきか?』のレーニンにとって、05年の大衆蜂起は予想外の出来事だった。

1917年2月に、またしてもロシアに到来した大衆蜂起の大津波を目撃して、レーニンはソヴィエトが政治権力の主体にまで成長することを期待したが、結局は『なにをなすべきか?』の地平に後退してしまう。自然発生的には政治領域に達しえない蜂起大衆、ソヴィエト大衆の「意志」を前衛党が代行し、クーデタ的に権力を奪取するというボリシェヴィキ革命の路線が確立され、コミンテルンを通じて世界に布教されていく。

ソヴィエト大衆が、ボリシェヴィキ党の軍事クーデタと一党独裁政権の誕生という最悪の反革命を阻止するには、あらかじめ社会領域から政治領域に進出していなければならなかった。他方でレーニンは、ソヴィエト大衆の意識が政治権力の主体となるには不充分であり、その成熟を待つ時間的余裕は与えられていない以上、党による権力奪取は不可避だという結論にいたった。問題はこのように循環している。

民主主義の定義が「統治する者と統治される者の同一性=自己権力」であるなら、その実現形態は評議会民主主義以外に想定しがたい。代表制は非世襲的な貴族制の変種に堕してしまう可能性がある。いや、実際のところ日本の議会制民主主義は半ば以上も世襲的な貴族制に変質している。

大衆蜂起が自己組織化され、市民社会の諸分節に評議会という自己権力機関が形成される。大小無数の評議会が必要に応じて連合し、下から積みあげられて政治領域にまで到達する。最終的には、政府が評議会の全国連合に置き換えられる。

しかし、こうした構想は中途挫折を繰り返してきた。評議会民主主義が政治領域を制覇しえたことは、かつて一度もない。19世紀フランスの諸革命、1905年と17年2月のロシア革命、第一次大戦後ドイツのレーテ運動やイタリアの工場評議会運動、1956年のハンガリー革命から〈1968〉の学生コミューンにいたるまで。

われわれは一般に、大衆蜂起による例外状態の到来と旧体制の崩壊、憲法制定権力による新体制の樹立というフランス革命型の革命は、すでに過去のものだと考えている。1917年までの絶対主義的な帝政ロシアや、21世紀でもエジプトのような権威主義国家ならともかく、議会制民主主義が定着した旧西側先進諸国では条件が根本的に違う。〈2011〉の今日、フランス革命型の革命経験を振り返ることに実践的な意味はないと。

しかし、こうした常識は疑われる必要がある。21世紀的なグローバリズムと世界内戦（テロと反テロ戦争の際限ない応酬）によって、主権国家の国際秩序は土台から揺らいでいる。20世紀前半まで帝国主義列強だった先進諸国の議会制民主主義は、主権国家の内部秩序として組織され機能してきた。主権国家の枠組みが動揺するのに応じて、議会制民主主義の安定性は失われていく。

たとえば昨年11月にパリで起きたテロ攻撃の直後に、社会党政権は非常事態を宣言し、人権と民主主義の「祖国」フランスでも市民的自由は大幅に制限された。しかも極右政党は勢力を急拡大している。国民戦線の伸長もまた主権国家の動揺の反映といえる。議会制民主主義のシステムは主権国家の側からも、民主主義の側からも掘り崩されはじめた。立憲主義のもとで議会制民主主義が、20世紀後半のように順調に機能しつづける保証はすでにない。

〈2011〉の大衆蜂起の彼方へ

再開された〈1968〉としての〈2011〉には、街頭行動による議会制民主主義の補完や活性化にはとどまらない直接民主主義的な要求が広範に見られる。EU諸国や日本などの先進諸国で、エジプトのような大衆蜂起による旧体制の打破という事態が生じる可能性はさほど多くないとしても、あらためて提起された評議会民主主義をめぐる難問から逃れるわけにはいかない。

ソブリン危機に直撃された南欧諸国では反貧困・反緊縮の大衆蜂起が、選挙や国民投票という議会制民主主義のシステムを通路として政治領域にまで波及した。2015年にギリシャではシリザ政権が誕生し、スペインでもポデモスが第三党になる。イギリス労働党では左派のジェレミー・コービンが党首に選出され、アメリカ民主党の大統領予備選では社会主義者のバーニー・サンダースが健闘している。これらもイギリス暴動やウォール街占拠など〈2011〉の大衆蜂起が、議会制民主主義の政治過程に部分的にしても反映された結果だろう。

先進諸国では20世紀後半に、労資協調による福祉国家が確立された。その政治形態が中道右派（保守政党）と中道左派（社会民主主義政党あるいはリベラル政党）の相互補完的体制だ。福祉国家の危機と新自由主義やグローバリズムの圧力のため、21世紀に入ると中道右派と中道左派は、外交的にも国内的にも似たような政策を掲げるようになる。

フランスでは反テロ戦争の推進という点で、政権党の社会党と野党の国民運動連合に外交政策での違いは見られない。サッチャー路線を踏襲するイギリスの保守党と、ニューレイバー路線の労働党の国内政策も似たようなものだった。ニューレイバーからの路線転換をはかるコービンの登場は、だからこそイギリス政界に衝撃をもたらした。

西欧では中道右派の右に極右政党が、中道左派の左に極左政党が、それぞれポピュリズム的な勢力拡大を加速している。後者の典型例が南のEU諸国、たとえばシリザのギリシャとポデモスのスペインだ。大統領選で国民戦線のマリーヌ・ルペンが勝利する可能性さえ語られはじめたフランスを先頭に、北のEU諸国では前者の傾向が目立つ。

シリザの苦闘が示しているのは、仮に左派政権が誕生しても、一国では反貧困・反緊縮の効果的な政策は実行できないという限界だ。ギリシャがEU加盟国であるため、この制限は増幅されているわけだが、いかなる国もグローバリズムの21世紀では同じような条件から逃れられない。

２０１１年に起きたプエルタ・デル・ソル広場の占拠以降、スペインでは市民社会の諸分節で反貧困・反緊縮の社会運動が重層的に展開されはじめた。典型例がバルセロナを中心とした住宅ローン被害者プラットフォームで、その代表を務めたアダ・クラウは２０１５年の地方選に立候補しバルセロナ市長に当選した。詳しい事情を知らないわれわれには意外だが、スペインの〈２０１１〉を現場で持続的に支えてきた活動家の多くがポデモスに批判的か、少なくとも全面支持ではないという。

ポデモスが選挙に勝利し、中道左派である社会労働者党の左に第三党の旗を立てたことで、大衆蜂起は政治領域に到達しえたのだろうか。シリザと違ってポデモスは政権を獲得したわけではないから、掲げてきた政策が実行できないという限界を自己暴露することは当面ないだろう。とはいえ別のかたちで、ポデモスの問題性は露呈されたようだ。

ポデモスはスペインの大衆蜂起と〈２０１１〉を、いわば「ボリシェヴィキ化」することで政治領域への進駐をもくろんだ。ただし党首のパブロ・イグレシアスが信奉しているのはレーニンでなく、ポスト・マルクス主義左翼でラディカル・デモクラシー論者のエルネスト・ラクラウやシャンタル・ムフのようだが。『資本の専制、奴隷の叛逆』に収録されたインタビュー「『バルサロナ・アン・クムー』とは何か」で、パンチョ・ラマスは次のように指摘している。

彼ら（イグレシアスなどポデモスのリーダーたち――引用者註）の政党観には、リーダーへの同一化が多種多様な闘争のあいだの関係のその垂直化を通じてなされなければならないといった発想がある。つまり、多様な闘争がそれでもなお統一されるとすれば、それは、党あるいはリーダーの導きの力が垂直的編成のなかでそれらの闘争を規律づけることによってであるということです。

大衆蜂起（プエルタ・デル・ソル広場占拠）の自己組織化形態が下から積みあげられて政治領域まで到達するのでなく、「党あるいはリーダーの導きの力が垂直的編成のなかでそれらの闘争を規律づける」ポデモスのスタイルに、現場の活動家たちは違和感を覚えたのだろう。左翼の終わりを自覚した活動家たちの前に、またしてもボリシェヴィキ的な発想と行動様式が復活してきた。評議会民主主義をめぐる難問は、スペインの〈2011〉でも反復されている。

東アジアで大衆蜂起が政治領域に進出した事例として、台湾で今年1月に行われた選挙での民進党の勝利が挙げられる。民進党による政権獲得の動因の一つとして、ひまわり学生運動という大衆蜂起の経験が存在したことは疑いない。

日本では、どの国よりも事情が複雑をきわめている。社会党が消滅して以降、この国では中道右派と中道左派の相互補完体制は失われた。1993年には細川政権という非自民党政権が誕生したが、それから四半世紀近くが経過し、いまや一強を誇る安倍自民党は冷戦時代のような中道右派政党から極右政党に変質している。フランスで国民戦線が政権を獲得する以前に、すでに日本では極右政党が権力の座を占めているわけで、他国に類例のない事態といわざるをえない。

安倍自民党は日本の国家再編を急速に進め、明治国家や戦後国家に続く第三の国家体制が、すでに半ば以上も形成されている。めざすところは21世紀型の新資本主義と東アジア的な権威主義国家の緊密な結合体だろう。すでにシンガポールで効率的に実現され、それを追って中国も進みつつある方向だ。

新資本主義に適応したアジア的権威主義国家では、自由も民主主義も存在する余地がない。19世紀に形成され20世紀後半に完成した資本主義／主権国家／民主主義の三位一体は21世紀の今日、空洞化し崩壊しはじめている。主権国家と接合された民主主義は、新資本主義の政治形態として唯一でも特権的でもない。電子テクノロジーで現代的にコントロールされた権威主義国家こそが、新資本主義に適合的な政治形態かもしれない。

集団的自衛権をめぐる解釈改憲と安保法制の強行は実質的なクーデタであり、すでに日本は憲法秩序が停止された状態、例外状態に突入したといえる。いまのところ革命や内乱や軍事クーデタのような暴力的状況にはなく、戦後国家の時代と変わらない日常的時間が平穏に流れている。しかし、これが２０１０年代の日本に固有の例外状態なのだろう。

集団的自衛権をめぐる解釈改憲が可能なら、どのような立法も許される。言論・出版の自由や集会・結社の自由を剝奪《はくだつ》し、国民を無権利状態に置くような弾圧立法さえも。例外状態からは新たな憲法体制が立ちあがる。安倍自民党の最終目的は、すでに形骸化した戦後憲法の廃棄と、戦時天皇制を理想とする新憲法の創設にある。「改憲」と称していても、それは戦後憲法の部分的な手直しではない。

昨年の安保法制反対闘争の盛りあがりを受けるかたちで、SEALDsや学者の会（安全保障関連法に反対する学者の会）が市民連合（安保法制の廃止と立憲主義の回復を求める市民連合）を結成し、安倍自民党の参院選勝利を阻止する運動を展開している。他方で、SEALDsと同じく「3・11後の叛乱」から生まれた若者グループのエキタスが、「最低賃金を1500円に」をスローガンとして活動を開始した。

市民連合もエキタスも大衆蜂起の自己組織化の形態であるなら、評議会民主主義をめぐる難問に直面するのは不可避だろう。野間さんがいう「集合的アイデンティティ」は、一方で社会領域に深く根を下ろしながら、他方で政治領域にまで到達しうるのか。機能不全に陥った議会制民主主義の諸装置をも活用し、「統治する者と統治される者との同一性＝自己権力」としての評議会民主主義を、今日的な状況のもとで具体化できるのかどうか。

いずれにしても、21世紀的な例外状態の到来と急速に進行する権威主義的国家再編に対抗しながら、「3・11後の叛乱」は持続されていくに違いない。

（2016年4月25日掲載）

第10章　Struggle For Pride

野間易通

「叛乱」か「生活保守」か

この往復エッセイを始めるにあたって、実は「3・11後の叛乱」というタイトルに違和感があった。一つは、それがはたして「叛乱」なのかどうか自分では判然としなかったからである。もう一つは、自分が戦っている相手は革命勢力であり、こちらは反革命なのだという意識があったからだ。

この場合の「革命勢力」とは、レイシスト市民団体やそれらと共通の思想的基盤に立つ安倍政権、あるいはそのバックグラウンドにいる日本会議などを指す。いやそれだけではない。維新という言葉がやたらともてはやされ政党名にまでなったように、小泉改革〜新自由主義以降の日本の政治的主流は、基本的には革命をめざす勢力であり、むしろリベラルや左派が守旧派の立場を取ってきたという認識が、私にはあった。

「3・11後の叛乱」は、旧来の革命勢力とも衝突した。中核派、革マル派、革労協、第4インターといった新左翼セクトはもちろんのこと、それらと明確に一線を引いているつもりのノンセクト・ラディカルや、文化左翼の面々とも盛大にぶつかっている。その批判の多くは、3・

11以後の運動が権力と対峙していない、あるいは根本的な変革を放棄しているといったもので、「生活保守だ」という罵倒も多かった。

生活保守とは「現状の生活を維持するために改革を忌避する」というのがもともとの意味で、社会的な関心よりもプライベートな生活の安寧を重視する態度のことを言う。これは80年代のバブル前後に生まれた言葉で、3・11以後の運動に向けて「生活保守だ」と罵る左派リベラルもおそらく40～50代が多いのではないだろうか。そこで批判されているのは資本主義と消費社会の肯定である。それが「現状維持」派と見なされるのだ。

第8章で私は、3・11以後の運動が「日常生活を守るための住民運動／生活運動の側面も持っていた」と書いた。それが「叛乱」たりうるのはどういう場合かといえば、大きな力が生活を破壊しようとしているときである。つまり、「保守」であり同時に「叛乱」であるために、必然的に左右両方の革新勢力を相手にしなければならなくなる。現状では右派与党政権がそのメインターゲットであり、左翼は後ろから撃ってくる者、あるいはいらんことばかりする無能な味方である。

ＳＥＡＬＤｓが国会前で小林節と並んで「立憲主義を守れ」「憲法を守れ」と叫ぶそのとき、彼らと議会制民主主義それ自体に異を唱える新左翼党派との共通点は、「反安倍政権」の一点でしかない。しかし前者は反革命的思考にもとづいており、後者は革命思想にもとづいているのだ。これは立脚点がまったく違う。

なぜオルグがないのか

前章の笠井さんの原稿でいちばんおもしろかったのは、「しばき隊やあざらしに、『オルグ』という発想が存在しない」といって驚いている箇所であった。たしかに、オルグという言葉を界隈《かいわい》で聞くことはほぼまったくないが、私は自分たちも同じようなことをやっているつもりになっていた。つまり、ツイッターに主張を書いたり、デモへの参加を煽ったり、フォロワーを増やしたりすることが、まあ昔で言うオルグに当たるのだろうと思っていた。笠井さんが解説していたとおり「オルグ」の語源はorganizeであり、我々もデモやカウンタープロテストをオーガナイズするから似たようなものだと想像していたのだ。

ところが笠井さんによれば、オルグとは「閉鎖的な組織に一般人を引きこみ、勢力を際限なく拡大しようとする」ことで、その最終目的は「党派的観念が世界サイズまで膨張をとげ、全世界を一色に染めてしまうこと」、そして「虚偽、欺瞞、デマゴギー、妄想、陰謀論、倫理主義的恫喝などを臆面もなく活用して恥じることがない」らしい。どうやら私が考えていたよりずっと厳しい業界のようである。また、ドミニコ会やイエズス会といった宗教組織との連続性が指摘されていたのもうなずけるものだった。そういえばセクト（sect）とは、もともとはキリスト教の宗派を指す言葉である。

オルグが本来的にそうした性質を持つものであるならば、たしかに「しばき隊」にはオルグは存在しないだろう。そもそもオルグのための「教義」、すなわち左翼セクトでいう理論書といったものがない。「3・11後の叛乱」が始まってからすでに5年が経過しているが、これを「指導」する統一的な理論書というものは書かれていないし、これからも書かれないのではないか。

ここで間違ってはならないのは、理論書はなくても理論は存在しているということである。それは、広大なネット空間上の不特定多数の人々の言葉による不定形なものとしてそこにあるのであって、もしこれが一つの理論書にまとまるとすれば、誰かの創造物ではなくもともとそこに存在しているものを、それこそ「運慶的な技術性」によって木から削りだすような作業になるのではないかと思う。

この往復連載もまた、そうした作業の一部なのだろう。「3・11後の叛乱」の代表的なものとして挙げられた「反原連／しばき隊／ＳＥＡＬＤｓ」のうち前二者にコミットしてきた私の書き口が常に他人事のようなのは、こうした理由による。デモやカウンタープロテストのオーガナイズですら、そこにある大衆の意志にかたちを与える作業でしかないのである。

分裂すればするほど力を増す

２０１２年に書いた『金曜官邸前抗議』でも、その夏に起きた官邸前での出来事と首都圏反原発連合について、私はまるで他人事のように取材し、叙述している。そこで書いたことは、反原連とは完全な実務集団であり、「デモ屋」であるということであった。

首都圏反原発連合として重要な問題とは、原発をめぐる政府や電力会社の動き、議員の動き、効果的な抗議の方法、何を対象にいつ抗議すべきか、警察の警備状況はどうか、トラメガの配置や配線をどうするか、バッテリーはたりているか、その他の資材は揃っているか、誘導スタッフは誰がやるか、プレス・リリースはできたか、次回の街頭デモのコースはどうするか――といった、抗議やデモを効果的に行なうために最適な状況をつくることであり、常に注力しているのはそこなのだ。日の丸がどうのこうのと会議で話す余裕も必要性もまったく感じていない、完全なる実務集団である。国旗国歌問題も路上の自由も新しい公共圏云々も、会議ではすべて「どうでもいい」話題だった。[*1]

と、こういう状況なので、左翼からは「反原連には思想がない」と罵られてしまうわけである。たしかにその通りで、反原連それ自体は「思想」を持っていない。なぜなら、その「思想」は、反原連が呼びかけた抗議行動に集まる不特定多数の個人大衆のなかにあり、反原連もまた、そうした「思想」をゆるやかに共有している個人の集合体でしかないからだ。彼らは自分たちの職人的技術を使って、金曜夜の官邸前に器をつくり提供しているにすぎないのである。

これは狭義の「しばき隊」においてもまったく同じだったが、広義の「しばき隊」になるとさらに状況はアナーキーになる。たとえばＣＲＡＣはその自己紹介のなかで、「反レイシズム・アクションをさまざまなレベルで実行するためのプラットフォーム」であると説明しているが、これはＣＲＡＣという名前のもとで集団（collective）としてさまざまな個人が勝手にいろんなことをやることを想定してのものだ。ところが実を言うと、そうした枠組み設定すらも、うまく機能しないのである。

しかしここで言う「うまく機能しない」とは決してネガティブな意味ではない。ＣＲＡＣという枠組みを人為的に設定しても、実際には運動がその枠組みに収まることはない、ということだ。ＣＲＡＣや「しばき隊」から派生したものとしてはTOKYO NO HATE（東京大行進）やＴＤＣ（Tokyo Democracy Crew）、ＴＱＣ（東京給水クルー）といったグループが、そもそもＣＲＡＣとは別に活動してきたものとしては男組や差別反対東京アクション（ＴＡ４ＡＤ）などがあり、さらにそのほかにも無数の小さな集団があって日々分裂・再編成を繰り返しているのだが、お互いのあいだに抗争や反目が生じることは少ない。

これは、かつての新左翼セクトのようにテーゼの違いによって分裂しているのではなく、単に実務上の都合によってそのときそのときで最適のフォーメーションを組むように動いているからだ。ＣＲＡＣという大きなまとまりで動いたほうが何かと便利なのではないかという私の思惑自体が、的を外していたのである。そもそもがレイシストをしばき隊、プラカ隊、知らせ隊などなどバラバラであったものが、何かにまとまるということがないのは必然であって、またそのことが、逆に力を発揮できる要因にもなっているのだ。

こうした運動形態においては、分裂は内ゲバの結果にも要因にもなりえない。なぜなら分裂することによってパイの取り合いが起きるどころかそれぞれが新たな参加者を獲得するため、運動は総体として弱体化するのではなく強化されていくのである。理論はあらかじめ個人大衆のなかに存在していて、各集団はそのニーズを感知することによって立ちあがり、「運慶的な技術」によってそれに具体的なかたちを与えていく。要するに、オーバープロデュースを受け付けない自律的なダイナミズムがそこにあるということなのだ。

ここで、笠井さんが前回引用した廣瀬純の次の言葉を見てみる。

この文脈において本書の論者たちが「左翼」の語で理解しているのはひとことで言えば「前衛主義」、すなわち、支配され搾取された大衆のその利害について何らかの表象を創り出し、この表象を外部から大衆に注入する（大衆の即自に外部から対自を与え大衆を自己二重化させる）ことで大衆を団結させ闘争へと動員しようとする傾向だ。（廣瀬純「解説　現代南欧政治思想への招待」）

「3・11後の叛乱」においては、「支配され搾取された大衆のその利害について」の「何らかの表象」は、大衆を指導しようとする前衛組織によって「創り出」されるのではなく、あらかじめ存在しているものを察知した無名の個人たちによって「彫り出される」のである。結果、大衆は「自己二重化」することはない。そのかわり「団結」もあまりしない。しかし「闘争」は行われるのである。

このように分析してみると、「3・11後の叛乱」はまさに左翼の終わりとともに立ちあがっているように思える。ただし、これまで書いてきた通り、その「叛乱」の起点は2011年3月11日ではなく、2000年代前半のイラク反戦運動や80年代の市民運動にまで遡ることができるわけで、3・11のインパクトはそれらが大規模に起動するきっかけとなったにすぎない。

新たなレフトは誕生するか

笠井さんはまた第8章の私の論考について「野間さんがまとめた『集合的アイデンティティ』の形成と運動化のスタイルは、ネグリが注目した『組織化のための水平的なメカニズム』の日本版として捉えることができる」とも指摘している。

アントニオ・ネグリ/マイケル・ハートはずいぶん前から文化左翼や知識人のあいだで未来派左翼としてもてはやされており、私も10年ぐらい前に『〈帝国〉』を読んでみたが、何が書いてあるかよく理解できなかった。しかしアラブの春以降の動きを扱った2013年の『叛逆』

には、一つ真正面から刺さる文章があった。

> もっと伝統的な左翼の政治思想家やオルガナイザーのなかには、二〇一一年の闘争のサイクルが気にくわない者もいれば、それに警戒心を抱いている者さえいる。彼らはこう嘆く、「ストリートは人でいっぱいだが、〔左翼の〕教会は空っぽだ」、と。
> （中略）私たちに必要なのは、左翼の教会を空っぽにし、その扉を閉ざし、それを焼き払うことなのだ！　それらの運動は、指導者《リーダー》を欠いているにもかかわらず強力なのではない。そうではなくて、まさに指導者を欠いているからこそ強力なのだ。[*2]

「左翼の教会」とは、イデオロギーやリーダーシップが集中する権威主義的な運動主体のことである。奇しくも笠井さんが説明しているとおり、セクトは宗教的概念であり、左翼の運動体のアナロジーは教会なのだ。

ラウル・サンチェス＝セディージョが〈2011〉について「ぼくたちに左翼であることをついにやめさせてくれた出来事」「アウトノミア型の前衛、労働者の自律性といったものですら退けられるべきものとされました」と語っているのも興味深い。

私自身は、とくにネット上では自分のことを「左翼」と自認している。リベラルと言うこともあるし、アンチファシストと称することもある。しかしこの場合の「左翼」は、だいたいの傾向において右翼的ではなく、左派に属するという程度の意味である。笠井さんやネグリやサンチェス＝セディージョの言う「左翼」とはずいぶんかけ離れているのだと思う。その証拠に、我々がヘサヨと呼んできた人たちや、中核派や革マル派のような新左翼セクトの人々は、「おまえは左翼の歴史がわかってない」と私に言う。

いや、そのとおりだと思う。私は実際に、伝統的な左翼の歴史について学習したことも研究したこともなく、その理論を実践したこともないのだ。そして「3・11後の叛乱」に参加している多くの個人大衆も、おそらく同じではないかと思う。教義を知らず、教会にも行かない。しかしその理由はシンプルだ。その宗教に帰依していないからである。

反原連の構成団体の一つであるTwitNoNukes（大阪）が、関西電力前の反原発抗議行動のときにみずからの名前を大書きした幟を持ってきた労働組合に、「それを下ろしてくれ」と言ってトラブルになったことがある。その労組の言うには、旗や幟は労働者の団結の象徴であり命に等しい、それを掲げるなとは何ごとか、とのことであった。3・11以後の運動は、この感覚を共有しない。

いまでも大きなデモでは、多くの労組や市民団体が団体名を記した幟を林立させる。そのデモの主張はわずかに先頭の横断幕にあるだけ、というようなパターンも多い。3・11後の運動はまず、このスタイルを拒否してきた。当たり前のように倉庫から組合の幟を取りだして持ってくるのではなく、イシューにあわせたプラカードをそのつどつくってこいということを、求めてきたのだ。団体名の幟すなわち自分は誰であるかを沿道に向けて示すかわりに、自分は何を主張しているかを示すべきだということである。

この運動は「『団結』もあまりしない」と先ほど書いたが、もちろん反原連にしろ反レイシズム運動にしろ、SEALDsにしろ、常にデモや抗議行動に大きな結集を呼びかけてはいる。uniteという言葉も頻繁に使われる。3・11後の各運動体の「組織度」にはそれぞれ濃淡はあるものの、基本ラインとしてそれらが呼びかける団結は、組織やコミュニティを基盤とした恒久的なものではない。

これらの運動は、幟旗だけでなく「仲間」という概念すら拒否する。伝統的な左翼市民運動が不当逮捕の救援活動をするときには「仲間を返せ」と権力に向かって呼びかけるが、「3・11後の叛乱」においては、そうしたときに権力の不当性や逮捕者の正当性を訴え「釈放しろ」と言うことはあっても、「仲間を返せ」とは言わないのである。なぜなら、不当に逮捕された人は組織の持ちものではなく、その人が帰るべきところは運動ではなく個人の平穏な日常生活だからである。

ＳＥＡＬＤｓの若者たちが街頭デモや国会前でスピーチするとき、かならず最後に日付と自分の名前を添えるスタイルを取っているのは、その主張がＳＥＡＬＤｓという団体のものではなく、発言者個人のものであることを示すためだという。彼らのドキュメンタリー映画『わたしの自由について～ＳＥＡＬＤｓ　２０１５～』（監督／西原孝至、２０１６年）が、「われわれの自由について」というタイトルでないのも、同じ理由からだろう。彼らもまた、平穏な学生生活を取り戻すために、あるいは将来の学生が平穏に生活できるように闘っているのである。

果たしてこれは「叛乱」という言葉にふさわしいものだろうか。それが、私が当初タイトルに違和感を持った理由だ。しかし、強大なパワーに対する rebellion であることは間違いなく、個人が個人の立場のままで行う悪戦苦闘、すなわち struggle であることも確かである。

であるならば、これは有史以前から行われてきた人間の当たり前の行動の一つにすぎないとも言える。何のために闘うのか。権力のためか。自由のためか。民主主義のためか。結局行き着くところは、シンプルに個人の尊厳と誇りのためだと言うことができるのではないか。

共産主義や社会主義や無政府主義といった、20世紀の世界を席巻《せっけん》した理論と方法では、もはや新たな闘いを闘うことは困難になっている。だからこそ、そのためのツールとメソッドの開発が、いま全世界レベルで進行しており、3・11以後の日本もまた必然的にそのなかに組みこまれているのだろう。

多くの人は、そのことを左翼との決別と考えるのかもしれない。しかし私はこれを、教義も教会も修道院も持たない新たなレフトの誕生ととらえたい。

（2016年5月17日掲載）

＊1　拙著『金曜官邸前抗議　デモの声が政治を変える』（河出書房新社、2012年）

＊2　アントニオ・ネグリ／マイケル・ハート『叛逆　マルチチュードの民主主義宣言』（NHKブックス、2013年）

あとがき

笠井　潔

野間易通さんとわたしでは、一見したところ立場に大きな相違がある。ある意味では、対極的といえるかもしれない。野間さんは「自分のことを『左翼』と自認し」、また「日本の政治的主流は、基本的には革命をめざす勢力であり、むしろリベラルや左派が守旧派の立場」にあるという。「革命は×、左翼は○」が野間さんの立場とすれば、わたしは反対に「革命は○、左翼は×」である。

革命には二重の意味がある。大衆蜂起による旧権力の打倒が第一、新社会の形成や理想社会の建設が第二だ。7月革命や2月革命というときは第一だが、フランス大革命の場合には第一と第二の意味が含まれる。

交換エッセイではボリシェヴィズムによる第一の意味での革命（いわゆる10月革命）を、たんなる軍事クーデタだと批判した。筆舌に尽くしがたい惨禍《さんか》をロシア民衆にもたらしたのは、第二の意味でのボリシェヴィキ革命（社会主義革命と称された）である。

第9章では、あらかじめ木のなかに埋まっている仏を取りだす行為としての、運慶的な技術《テクネー》のことを書いた。技術の対極には、制作者の意識に内在する完成像に合わせて木を外側から加工変形するところの、プラトン主義的な技術《テクニック》がある。

大衆蜂起による革命では運慶的な技術とプラトン主義的な技術が対立し、ブランキが前者を、レーニンが後者を体現した。二つの技術観の対立は、新社会の形成としての革命をめぐる問題圏ではさらに拡大していく。

マルクス主義者に主導された20世紀の社会主義革命は、理想社会の設計図に合わせて社会を変革しようとする点で、プラトン主義的な技術観の産物にほかならない。設計図を所有するのは前衛党であり、それまで民衆が生活を営んできた旧社会という素材は、彫刻家の鑿と槌に替わる無制約的な国家テロによって、理想の形に削りだされる。

一党独裁国家の強制による社会改造の典型例として、ソ連で行われた農業の強制集団化、中国の大躍進政策などがあげられる。政策的に強制された飢饉《ききん》と国家テロの犠牲者数には諸説あるが、ソ連も中国も1000万単位であることは間違いない。社会主義建設がもたらした想像を絶する犠牲者の総数は、帝国主義世界戦争の戦死者・戦災死者数にゆうに匹敵する。

20世紀の革命による膨大な流血と殺戮《さつりく》を思うとき、わたしも野間さんと一緒に「自分が戦っている相手は革命勢力であり、こちらは反革命なのだ」と断言したい気分になる。だが、結論を急がないようにしよう。マルクス主義に先導された社会主義革命のようなプラトン主義的技術による革命ではない、運慶的な技術による革命が存在する。旧社会に埋めこまれた新社会を、木屑《きくず》を払うようにして取りだす集合的行為としての革命。

マルクスやレーニンも、旧社会の胎内で新社会の萌芽が育まれるというようなことは語っている。新社会が生まれるためには、暴力という「産婆役」が必要だとも。しかし、これは産婆にたいして失礼な話である。マルクスが肯定しているのは助産師ではなく、いわば、出産の効率化のため帝王切開手術を濫用する悪徳産科医にほかならない。

マルクスが想定した新社会の萌芽は、たとえば株式会社である。レーニンの場合はドイツの戦時統制経済（国家資本主義）で、いずれも旧社会に属する社会的装置の進化形態にすぎない。21世紀でいえばネグリ／ハートの〈帝国〉や、ＥＵがそれに当たるだろう。

しかし国民経済と主権国家を超える国際団体や広域国家でも、旧社会に宿った新社会とはいえない。新社会の萌芽は新型の制度ではなく、自由な諸個人による能動的な社会活動としてのみ存在しうる。たとえば議会制民主主義の起源であり、その外部でもある大衆蜂起と評議会民主主義や、「経済にデモクラシーを」要求する集団的行動として。

もともと革命《リヴォリューション》の意味は、星座が一巡することだった。天空の星座はひとりでに巡る。本来の革命は人為とは無関係に進行するのであり、権力による上からの社会改造とは無縁である。権力的な社会改造としての「革命」に、「生活保守」の立場から抵抗した結果、運慶的な仏として新社会が生まれることもあるだろう。

　運慶的な仏師が木から仏が生まれでるのを助けるように、助産師は赤ん坊が産まれてくるのを手助けするにすぎない。しかしマルクス主義者は、不必要で危険な人工的手術によって子供を母胎から暴力的に引っぱりだし、当然の結果として殺してしまう。ボリシェヴィズムの社会主義革命から小泉・安倍のネオリベ的社会改造にまで共通する、上からの権力的な「革命」に必死で抵抗《ストラグル》しているうちに、当事者も知らないまま起きてしまうような革命こそ本来のリヴォリューションではないだろうか。

「マルクス葬送」論争で左翼の下らない本性を嫌というほど見せつけられ、左翼という自己規定は思い切りよくやめることにした。あの連中が左翼なら自分は左翼ではない。とはいえ右翼でもないわけで、あえていえば無翼である。無翼では、政治的立場が行方不明になってしまうだろうか。しかしフランス大革命期の議席配置に由来する政治概念は、「左」と「右」だけではない。

「左＝共和派」と「右＝王党派」の色分けが重要だったのは王政廃止までのことで、王党派、立憲君主派、ジロンド派などが次々と議会から追放されて以降は、「上」と「下」の対立がメインになる。階段席に座を占めたのが山岳派《モンタニャル》、アリーナ席が沼地派《マレ》である。

革命の永続化を要求する急進派が議場の「上」派で、穏健派が「下」派。また沼地派《マレ》は、風向きを見て政治的立場を変える無定見なその他大勢だった。それまで消極的にしても恐怖政治に加担していた沼地派《マレ》の支持を得て、反ロベスピエール派はテルミドールのクーデタに成功する。

フランス大革命の命運を決する真の政治的対立は急進派と穏健派、ラディカリストとその他大勢の日和見主義派のあいだに存在した。というわけで、「左」派をやめて「上」派を自称してきたのだが、これも落ち着きがよくない。右も左も上も下も、しょせんは議会内の位置を示すにすぎないからだ。いうまでもなく革命の主役は議員ではなくサンキュロット、街頭で蜂起した貧民プロレタリアである。

「革命は×、左翼は○」の野間さんと「革命は○、左翼は×」の笠井による交換エッセイは、立場の相違に災いされて話が嚙みあわないまま、議論として失敗に終わっているだろうか。その判定は読者に委ねるしかないが、わたしは手応えを感じている。対立は言葉上のもので、考えている中身には一致点が少なくないと思うからだ。

交換エッセイの連載を始める時点で、野間さんと7割方は認識を共有できると記した。連載を終えた時点で、共通認識の度合は8割に達したという実感がある。

今日のセクトやヘサヨに連なる下らない左翼連中から「転向」とか「反革命」とか罵られたのは、わたしがマルクス主義やボリシェヴィズムを根本的に批判して訣別を宣言したからだが、それだけが問題だったのではない。『国家民営化論』（光文社知恵の森文庫、2000年）で書いたように、資本主義や消費社会をマルクス主義者のようには否定しないからでもある。野間さんたちも同じような批判を蒙《こうむ》っているようだし、こうした点についてもそのうち意見交換をしたいと思っている。

2016年5月

初出：集英社新書ＨＰ
掲載日は各章末尾に記載

笠井　潔（かさい　きよし）

一九四八年生まれ。作家・思想家。七九年『バイバイ、エンジェル』で第六回角川小説賞を受賞。著書に『テロルの現象学』他多数。

野間易通（のま　やすみち）

一九六六年生まれ。『ミュージック・マガジン』副編集長等を経てフリーに。首都圏反原発連合、レイシストをしばき隊、CRACに参画。

3・11後《ご》の叛乱《はんらん》　反原連《はんげんれん》・しばき隊《たい》・SEALDs《シールズ》

集英社新書〇八四〇B

二〇一六年七月二〇日　第一刷発行

著者……笠井《かさい》　潔《きよし》／野間《のま》易通《やすみち》

発行者……加藤　潤

発行所……株式会社集英社

東京都千代田区一ツ橋二-五-一〇　郵便番号一〇一-八〇五〇

電話　〇三-三二三〇-六三九一（編集部）

〇三-三二三〇-六〇八〇（読者係）

〇三-三二三〇-六三九三（販売部）書店専用

装幀……原　研哉

印刷所……大日本印刷株式会社　凸版印刷株式会社

製本所……加藤製本株式会社

定価はカバーに表示してあります。

ISBN 978-4-08-720840-5 C0236　Printed in Japan

a pilot of wisdom